Serie de preparación sacramental de Libros Liguori

Tu Matrimonio

GUÍA DEL LÍDER

Deborah Meister

Esta *Guía del líder* ofrece una visión general y consejos prácticos para orientar a las parejas comprometidas en matrimonio que participan en el programa de preparación sacramental Tu matrimonio, ya sea a nivel parroquial o a nivel diocesano.

LIBROS LIGUORI

Imprimi Potest: Stephen T. Rehrauer, CSsR, Provincial de la Provincia de Denver. Los Redentoristas.

Imprimatur: "Conforme al canon 827 del Código de Derecho Canónico, el Reverendísimo Edward M. Rice, obispo auxiliar de San Luis Missouri, concedió el Imprimátur para la publicación de este libro el 3 de diciembre de 2015. El Imprimátur es un permiso para la publicación que indica que la obra no contiene contradicciones con las enseñanzas de la Iglesia Católica, sin embargo, no implica aprobación de las opiniones que se expresan en la obra. Con este permiso no se asume ninguna responsabilidad".

Tu matrimonio – Guía del líder ha sido publicado por Libros Liguori, Liguori, Missouri 63057

Pedidos al 800-325-9521 o visite liguori.org

p ISBN: 9780764825699

e ISBN: 9780764870217

Libros Liguori, una organización sin fines de lucro, es un apostolado de los Padres y Hermanos Redentoristas. Para más información, visite Redemptorists.com

Impreso en los Estados Unidos de América

Primera edición

Sobre el autor

Deborah Meister se desempeña como editora de Bayard, Inc., además de contar con muchos años de experiencia en el mundo de la educación y del ministerio parroquial. Entre algunos de sus puestos anteriores figuran haber sido editora de Liguori Publications y coordinadora de vida familiar en la Arquidiócesis de St. Louis, donde ayudó a desarrollar un programa integral de preparación para el matrimonio. Está certificada en dirección en educación religiosa y en ministerio pastoral. Cuenta con una maestría en teología y en literatura, así como un posgrado en cuidado pastoral. Continúa sirviendo a parroquias y a casas editoriales, especialmente en el ámbito de la formación en la fe, la espiritualidad, la devoción y la catequesis. Sus trabajos han sido publicados en formato impreso, en audio y en demás medios digitales. Deborah Meister es casada y madre de dos hijas adultas.

Índice

Índice

Antes de comenzar

La importancia de su papel como líderes o "padrinos" nunca podrá subrayarse demasiado. Este ministerio los necesita y las parejas que se han comprometido en matrimonio los necesitan también. La Iglesia aprecia y hace hincapié en una preparación sacramental profunda y eficaz, y agradecemos el papel tan indispensable que muchas parejas ya casadas juegan en este proceso.

A lo largo de la historia, el matrimonio se ha visto atacado por todas partes: desde quienes ponen en duda su necesidad como institución hasta los que ponen en entredicho el mismo concepto. Incluso si estamos de acuerdo en lo que significa el matrimonio, los esposos deben afrontar muchos retos para mantener su relación sana, feliz y santa. Por esta razón la preparación matrimonial es un camino compartido y vivido en comunidad, es mucho más que ver algunos videos y responder a unas cuantas preguntas. Como facilitadores, representan no solo a su parroquia o diócesis, sino también a toda la comunidad que está construyendo "la cultura del matrimonio" (*A Response to Research*, Conferencia de Obispos Católicos de Estados Unidos, Subcomité para el Matrimonio y la Vida Familiar, 2007).

Independientemente de que hayan descubierto finalmente si Dios los llama o no a este ministerio, comiencen con una breve oración agradeciéndole que los haya traído hasta aquí. Como Jesús dijo muchas veces a sus discípulos, "no tengan miedo". No están solos. Esta guía del líder y el libro de trabajo de los novios les ofrecen una sólida base de doctrina católica, así como orientaciones prácticas para las dificultades cotidianas.

Agradecimientos

Tu matrimonio no habría sido posible sin las diligentes contribuciones de nuestros equipos de publicación y producción. A los autores, colaboradores y editores cuyos nombres aparecen en las páginas de este trabajo: su caridad, ministerio, testimonio personal y vocación hablan de ustedes más que cualquier otra cosa. Nosotros y muchas parroquias y parejas que usamos este programa les estaremos siempre agradecidos por su sabiduría.

Agradecemos también al equipo de Libros Liguori de preparación sacramental –Wendy Barnes, Angela Baumann, Mark Bernard, Julia DiSalvo, Chuck Healy, Gabriel Hernández, Lorena Jiménez, John Krus, Luis Medina, William Townsend– y a muchos otros líderes, miembros del equipo directivo y clientes: su intenso trabajo y comentarios arrojaron luz sobre una gran necesidad de la Iglesia y dieron lugar a una respuesta para una comunidad rica en su diversidad.

Agradecemos también a *Salt River Production Group*, especialmente a Chuck Neff, a las personas que participaron en nuestro video y al P. Byron Miller, quien aceptó nuestra invitación para ser el conductor de los diversos segmentos: gracias por su presencia tan especial y llena de Dios, que tanto bien hace a las parejas en muchas partes.

Partes del programa

Consideraciones previas

Este programa, Tu matrimonio, sigue las recomendaciones de la Conferencia de Obispos Católicos de Estados Unidos (USCCB, por sus siglas en inglés) para preparar a aquellos que se acercan al Sacramento del Matrimonio. **Cada parroquia es responsable de ofrecer una preparación matrimonial acorde con las orientaciones del obispo del lugar.** El tiempo que se dedica a esta tarea, varía de una diócesis a otra, aunque la mayoría pide a las parejas comprometidas reunirse con un sacerdote o diácono antes de fijar la fecha de la boda y les pide un mínimo de seis meses de preparación. Durante ese tiempo, las parejas asisten a una serie de clases, o quizás a un retiro, y a menudo se reúnen por separado con el sacerdote o el diácono quien será el testigo en el día de su boda. El diálogo que se tiene durante estas clases, puede ayudar a la parroquia a determinar si la pareja es capaz de entrar libremente al matrimonio, tal como lo establece el Código de Derecho Canónico.

Como indica la Iniciativa Pastoral Nacional para el Matrimonio (USCCB), este programa te ofrece los materiales y la preparación que necesitas para realizar este ministerio. Incluye contenidos sobre lo que enseña la fe católica acerca del matrimonio y toca los elementos fundamentales de la catequesis católica. Además, ayuda a la pareja a hablar sobre sus necesidades actuales y los retos de la vida diaria a la luz de la fe.

Tu matrimonio: libro de trabajo de los novios ofrece la parte fundamental del programa, desde la naturaleza y fin de la alianza matrimonial hasta sugerencias prácticas y ejercicios guiados sobre aspectos importantes de la vida matrimonial. Cada capítulo abarca uno o más temas fundamentales, hace la aplicación de los mismos utilizando diversos ejercicios y actividades, y termina con preguntas para la reflexión personal y en común. Los líderes hacen la introducción a estos temas y ofrecen su testimonio en la vivencia de esos valores y enseñanzas. **En esta guía, nos referiremos a las páginas del libro de trabajo de los novios usando números en cursiva.**

Los segmentos del DVD del programa *Tu matrimonio* son un complemento perfecto para cada capítulo. Subrayan los aspectos más importantes y sirven como estímulo para interesantes conversaciones. **Tanto el prometido como la prometida deberán asistir juntos prácticamente a todas las clases y trabajar también juntos con los diversos materiales.** En las relaciones a distancia, esto puede representar un reto. Su diócesis puede tener una forma particular de atender a estas parejas, especialmente aquellas que están en el ejército. El libro de trabajo de los novios Tu matrimonio y el video se pueden usar en estas circunstancias previa aprobación.

Por último, ***Tu matrimonio* ofrece una lista de recursos** para aquellos que quieren más información sobre la teología del matrimonio, sobre la Doctrina Católica, habilidades de comunicación y otros temas relevantes. Además del material que aparece en este libro, están disponibles más recursos, referencias y links en ***Liguori.org/marriage***.

Cualidades de un líder eficaz

La finalidad de la preparación matrimonial es preparar parejas para la vocación específica del matrimonio y ofrecerles catequesis, y ayudas espirituales para crecer juntos en la fe.

La experiencia de la pareja o parejas que colaboran en este ministerio es fundamental para alcanzar las metas, junto con los materiales del programa. Los líderes no enseñan o explican, más bien, comparten su propia experiencia de fe y matrimonio, y se convierten en una invitación personal de parte de la Iglesia a la vocación matrimonial. Como guías y modelos, ayudan a las parejas comprometidas a entender mejor y a desear personalmente:

- el cuidado y el amor de la Iglesia para su matrimonio;
- el amor incondicional de Dios presente en la alianza;
- una profunda comunicación entre los esposos y con Dios;
- descubrir auténticamente al otro y conocerlo de forma íntima;
- la santidad en la forma de vivir su sexualidad y la procreación;
- dar testimonio del amor de Dios a través del matrimonio;
- una fe y amistad con Jesús crecientes;
- vivir para el otro y no de forma egoísta;
- un compromiso de por vida para vivir los votos del matrimonio.

Los líderes eficaces tienen algunas cualidades que les permiten acompañar mejor a las parejas durante el programa. Los futuros ministros y líderes del programa deben revisar esta lista para desarrollar aquellas cualidades que no tengan o al menos para saber cuáles sí tienen:

- Interés en promover una “cultura del matrimonio”.
- Respetar las experiencias de los otros, así como su forma de pensar y sus preocupaciones.
- Saber escuchar; tratar sinceramente de entender al otro.
- Saber acoger al otro y ser discreto.
- Estar abierto a escuchar preguntas sin juzgar.
- Humilde a la hora de mostrar sus conocimientos (o la falta de ellos).
- Sentirse a gusto ante los retos.
- Deseoso de compartir su fe, sus sentimientos, éxitos y fracasos.
- Previsor, organizado y capaz de seguir un programa junto con el grupo.
- Flexible por naturaleza; no debe tender a controlar a los otros.

Es posible que una sola persona no posea todas las cualidades, sin embargo, una pareja casada tiene el doble de posibilidades. Muchos pueden ser líderes como son ya y con el tiempo todos podemos desarrollar estas cualidades si lo deseamos. Ayuda a tu parroquia y al equipo a desarrollar estas cualidades a través de un entrenamiento básico o en talleres separados de capacitación para todos sus ministerios.

Materiales y otros recursos

Todas las parejas que acuden al programa de Tu matrimonio deben tener dos libros de trabajo: uno para la novia y otro para el novio. Esto permitirá a cada uno leer los capítulos antes de las clases y anotar las respuestas a las actividades, preguntas y evaluación final por separado

Materiales que se deben tener en cada clase:

- Ejemplares de *Tu matrimonio*: libro de trabajo de los novios para cada uno de los participantes.
- Ejemplares de *Tu matrimonio*: guía del líder para cada facilitador y para quien dirige el programa.
- 1 DVD de *Tu matrimonio*.
- Reproductor, pantalla y equipo de audio adecuados para presentar los segmentos del video.
- Cuadernos o papel, y plumas.
- Sillas para los participantes y mesas para grupos medianos y grandes.
- Un lugar para hacer oración en privado.
- Biblias (se recomienda la Biblia de Jerusalén versión latinoamericana).
- Refrigerios.
- Gafetes con los nombres.
- Materiales para romper el hielo entre los participantes.
- Anécdotas personales bien preparadas y sucintas.
- Folletos según sea necesario (pueden encontrar recursos adicionales en Liguori.org/marriage).
- Opcional: aparato para tocar música relajante durante los tiempos de reflexión personal.

Para la última clase:

- Copias de certificado de *Tu matrimonio* y/o carta oficial de constancia de que la pareja terminó el programa (puede encontrarse en Liguori.org/marriage).
- Papelería y sobres para el servicio de oración conclusivo.
- Copias individuales de la evaluación (véase este libro o búsquenlas en línea).

Preparación del lugar donde se tendrá el curso

Desde el momento en que las parejas llegan, estas deben sentirse acogidas. Incluso si algunas de ellas ven la preparación matrimonial como un mero requisito, han venido voluntariamente y (por lo general) sin impedimentos para hacer sus votos matrimoniales. **Hazles saber inmediatamente que son bienvenidos** acompañándolos al salón donde se tendrá el curso y preparando una mesa de bienvenida con gafetes, cuadernos, lápices y refrigerios.

El lugar donde se tiene el programa debe estar destinado o reservado solo para ustedes, si no, habrá que buscar otro lugar. Reunirse en una casa crea una atmósfera de amistad y confianza, pero cualquier otro lugar también puede hacerse más cálido y menos formal. Antes de que lleguen las parejas, asegúrense de que hay suficientes sillas y de que el cuarto está ordenado y no hay cosas de la actividad anterior. Si es posible, denle un toque especial poniendo flores o caramelos en cada mesa.

– Consejo –

Si el lugar resulta demasiado pequeño, se puede ajustar la música y la forma de colocar las sillas para hacer que la gente se sienta más cómoda.

Los mejores lugares son aquellos sin ruido y con suficiente espacio para crear un sentido de comodidad y privacidad. Cuando estén colocando los muebles y otros equipos, tengan en cuenta lo siguiente:

- prevean dónde se harán las presentaciones, las reflexiones en grupo y dónde se verá el video;
- cuiden que haya espacio para que cada pareja pueda hablar en privado de las actividades y responder a las preguntas de reflexión;
- la forma en que se realizan los traslados entre el salón de conferencias común y otros ambientes, prestando atención en particular a los que tienen dificultades de movilidad;
- ubicación de enchufes, materiales que se usarán en el curso y objetos personales.

Las clases

Antes de la primera clase

Ya sea que las clases se tengan siguiendo un calendario, un formato preestablecido u organizadas de acuerdo con la disponibilidad, tanto de los líderes como de los participantes, sigan las directrices dadas por su parroquia o diócesis. A medida que vayan ganando experiencia y familiaridad con el programa, podrán adaptarlo más fácilmente de acuerdo con sus necesidades.

1. ***Hagan una lista con los nombres de las novias y los novios,*** sus datos básicos y sus parroquias o religiones de procedencia (puede usarse también como lista para registro al inicio del curso)
2. ***Contacten con antelación a cada pareja que se haya registrado*** para presentarse, recordarles el horario, el lugar y los materiales requeridos, y responder a sus posibles preguntas (una llamada, ya sea a la novia o al novio, es suficiente). Si para ese entonces no han recibido sus libros de trabajo, díganles en qué oficina, tienda o con qué persona pueden conseguirlos.
3. ***Comiencen a crear expectativas.*** *Recuérdenles la importancia de leer el primer capítulo antes de la primera clase. Explíquenles que todo lo que se necesita es una comprensión general; más tarde hablarán de los puntos más importantes, responderán a las preguntas y realizarán algunas actividades en cada clase.*
4. ***Comiencen a establecer una relación de amistad.*** *La relación entre las parejas y sus padrinos favorece la confianza y va más allá del programa y de la comunidad parroquial.*

Dinámicas de grupo

Así como el número de clases puede variar, también puede variar el número de personas que se reúnen y a las que ustedes acompañan. Las dinámicas pueden cambiar de acuerdo con la personalidad y el tamaño del grupo. Por lo general, los líderes son los que marcan la pauta. Las parejas no necesitan compartir tantas cosas con el grupo como con su futuro esposo o esposa. Mientras los animadores están ahí para hacer las cosas más sencillas y, hasta cierto punto, certificar el proceso, la parte más delicada es cuando las parejas comparten cosas personales en privado, ya sea dentro o fuera de las clases.

En esta guía se distinguen tres grupos distintos según su tamaño:

- **GRANDE—de diez a veinte parejas, con uno, dos o tres matrimonios animadores;**
- **PEQUEÑO—tres o seis parejas, con uno o dos matrimonios animadores;**
- **INDIVIDUAL—una o dos parejas con un matrimonio animador.**

En la primera clase

1. ***Den la bienvenida a las parejas y presséntense brevemente*** (pueden decir cuánto tiempo han estado casados, cuántos hijos tienen, cuál es su parroquia). Presten particular atención a dar la bienvenida a los no católicos y explíquenles que, aunque lo que se dirá en las clases refleja la enseñanza católica romana, encontrarán puntos comunes y familiares en cada capítulo.
2. ***Rompan el hielo pronto*** con una actividad de unos cuantos minutos. Las parejas pueden presentarse a todo el grupo o solo a los que están en su mesa. Cambiar los grupos que se sientan en cada mesa ayudará a la unidad del grupo, a la diversidad en las discusiones y evitará el espíritu de competencia o los clichés.
3. ***Comuniquen lo que esperan de las clases,*** den algunas indicaciones sobre aspectos como la ubicación de los baños e información adicional que consideren necesaria. Recuérdenles que el tiempo es limitado y pídanles que vuelvan pronto de las discusiones o descansos cuando así se les pida. **Las conversaciones que las parejas van a tener durante el programa son solo el inicio** y la convivencia entre ellos debe continuar durante y después de la boda. También recuérdenles que ustedes y los encargados del programa estarán disponibles después de las clases por si necesitan orientación y apoyo.
4. ***Mencionen el deber de confidencialidad.*** La preparación al matrimonio implica tocar temas delicados y a menudo se maneja información personal e incluso privada. Si bien la mayor parte de los detalles quedará solo entre los esposos, recuerden a los participantes que cualquier cosa que se diga en las clases, se queda en las clases.

Ideas para romper el hielo

- **Pidan a cada pareja que diga cuánto tiempo han estado juntos y den un sencillo premio (un dulce, un folleto con oraciones) a quienes hayan estado más o menos tiempo juntos. También pueden usar la fecha de boda más cercana o la fecha de boda más cercana a su propio aniversario.**
- **Si las parejas están sentadas alrededor de mesas, también pueden hacer una suma del número de hermanos que tienen las parejas o sumar el tiempo que falta para las bodas. Este tipo de actividades crean un ambiente de amistad y confianza.**

– Consejo –

Las sesiones de todo el día o de medio día por lo general incluyen un refrigerio y/o una comida ligera. Conocer y satisfacer las necesidades básicas de las personas les ayudará a estar relajados y atentos, y evitará posibles resistencias para participar en el programa.

En cada clase

1. ***Comiencen con un texto de la Escritura y una oración.*** Dejen que uno de los líderes proclame una de las lecturas del Ritual del Matrimonio y que otro haga una oración, de manera alternada o uno después de otro si se desea. No tengan prisa; dejen tiempo para el silencio y la reflexión. Pueden encontrar una oración introductoria y una conclusiva en la página 5 del *Libro de trabajo de los novios* o también en Liguori.org/marriage.
2. ***Hagan una lista de los capítulos que ya han visto.*** En los primeros minutos de la clase, comuniquen a las parejas los temas que van a ver. Al final, antes de despedirlas, respondan a cualquier pregunta importante o que se haya presentado muchas veces y repasen lo que las parejas deben leer y las actividades que deben hacer. Leer el tema antes de las clases les ayudará a preparar sus preguntas y a aprovechar mejor las discusiones y el tiempo en que el grupo esté reunido.
3. ***Terminen a tiempo.*** Traten de encontrar una forma de terminar con naturalidad que deje algunos minutos libres para ordenar las cosas, recoger los objetos personales y despedirse. No despidan a las parejas sin haber hecho antes juntos una oración.

– Consejo –

Se sugieren estas cuatro lecturas del Ritual del Matrimonio. En el Libro de trabajo de los novios, aparece una lista completa "Materiales para planear la boda" (Libro de trabajo pág. 48). Lean los diversos pasajes en una Biblia o Leccionario, pues ellas son la Palabra divina e inspirada de Dios.

- **Mateo 7:21, 24–29**
- **Juan 15:9–12**
- **Marcos 10:6–9**
- **Mateo 5:13–16**

Cómo manejar el tiempo

Antes de la primera clase, la mayoría de las parejas ya ha dedicado tiempo a planear su boda. El tiempo que le dedican a este programa es mucho menor que el que se dedica a la logística de la boda. Los animadores deben estar preparados para **mantener al grupo dentro del calendario de forma que puedan tratar con suficiente profundidad cada tema.** Además, la novia y el novio necesitan tener tiempo suficiente en cada clase para hablar entre sí sobre el material.

Una clase bien planeada puede acabar desviándose del tema si alguien hace alguna pregunta difícil.

Respeten siempre las preguntas y den una respuesta completa en la medida en que el tiempo lo permita. Si no están seguros de la respuesta o de la enseñanza de la Iglesia:

- Refieran a la persona a la oficina o a la persona apropiada;
- Consulten fuentes recomendadas y confiables;
- Reúnanse en privado con la pareja para responder a las preguntas más ampliamente;
- Prométanles que tendrán la respuesta para la siguiente clase.

– Consejo –

Cada pareja tendrá oportunidad de reunirse con un sacerdote o diácono mientras se prepara para el matrimonio y en ese momento podrá hacerle sus propias preguntas. Nunca crean saber más de lo que saben o den información incompleta o incorrecta solo por ofrecer una respuesta.

Descansos y transiciones

A medida que los líderes adquieren mayor experiencia, les será más fácil determinar cuándo deben dedicar más o menos tiempo a un tema. Los líderes deben estar siempre atentos al tiempo para evitar tener que correr después o incluso saltar algunos temas. **En vez de reprimir una reflexión, discusión o actividad, den tiempo para un descanso o para contar una experiencia personal.** Procuren comenzar y terminar a tiempo por respeto a aquellas parejas que deben hacer un viaje largo, se deben levantar temprano al día siguiente o tienen otros compromisos. Estén preparados tanto para terminar una discusión de forma amable como para volver a reunir con naturalidad al grupo después de un descanso. Animen a cada pareja a profundizar por sí misma en aquellas cosas que hayan descubierto.

Todos los grupos necesitan un descanso en algún momento y si no se está atento al reloj, estos descansos van a causar estragos en el calendario.

– Consejo –

Todos quieren terminar a tiempo, pero nadie quiere hacerlo sabiendo que no vio todos los temas. *Empezar a tiempo* es el primer paso.

1. ***Fijen una duración estricta para los descansos.*** Los horarios del programa permiten al menos 15 minutos de descanso por clase, los cuales pueden fragmentarse en varios descansos más breves si se prefiere. Cinco minutos para pasar al baño y 10 para tomar el refrigerio son suficientes. Si hay una comida completa, den al menos 30 minutos para servir la comida y limpiar.

2. ***Inviten a las parejas a caminar y moverse un poco.*** Invítenlas a levantarse, estirarse, pasar al baño y a convivir con los demás. Algunos pueden preferir quedarse sentados y seguir hablando. De cualquier forma, cuando un salón tiene el número exacto de sillas para los participantes, es fácil saber cuándo han vuelto todos y se reduce la necesidad de ir a buscar a quien se haya distraído.

3. ***Den un aviso de 30 segundos.*** Encuentra una forma razonable de volver a invitar a las personas a que vayan cerrando sus conversaciones y vuelvan a centrar su atención en el programa.

4. ***Hagan que se concentren en el siguiente tema. Tanto si hay un descanso como si no,*** cuando el tiempo se termine, resuman brevemente lo dicho usando una frase de transición, una pregunta o una actividad que involucre al grupo con el siguiente tema. ***Se deberá dejar un tiempo para preguntas en algún momento de cada clase.***

Experiencias personales

Los líderes compartirán experiencias propias en cada clase. **Dependiendo de la duración e importancia, se puede compartir más de una por tema.** Por ejemplo, un hombre y una mujer pueden tener historias que compartir sobre cómo superar problemas de comunicación.

No todos tienen el don de contar las cosas de forma interesante, pero todos tenemos buenas experiencias que compartir. Trata de mejorar tus anécdotas haciendo lo siguiente:

- prepara cuidadosamente cada anécdota, buscando que sean breves y que vayan al grano
- asegúrate de que cada historia tiene un objetivo y subraya algún tema importante de la fe o de la vida cotidiana en un matrimonio (la mayor parte contendrá elementos de ambas);
- para asegurar que la anécdota cumple con su objetivo, no te pierdas en los detalles, digresiones o dediques tiempo a cosas sin importancia;
- practica cada una de las anécdotas en voz alta (quizás delante de tu esposo o esposa).

Tus anécdotas pueden ser simpáticas o emotivas, pero su finalidad no es entretener, pasar el tiempo o ser un escaparate para un "diario de nuestra vida". **Las anécdotas deben ir de acuerdo con el material y transmitir un mensaje que ayude a las parejas**. Los líderes comparten sus experiencias para ayudar a las parejas a entender mejor el tema del que se está hablando, la forma en que este se aplica a su relación y a cada uno de ellos.

– Consejo –

Para asegurar que tus anécdotas cumplen con su objetivo, pregúntate:

1. **¿Para qué voy a contar esta historia? ¿Cuál es su mensaje?**
2. **¿Cuáles son los dos puntos más importantes que quiero ilustrar? (evita ser genérico).**
3. **¿De qué forma estos puntos se relacionan directamente con el tema del que se está hablando? (las parejas deben poder aplicar fácilmente tu historia al tema que están viendo).**

Escojan historias que tengan uno o dos temas centrales como el perdón, mejorar la comunicación o problemas financieros que fortalecieron al matrimonio. Cuando unes historias que tratan temas semejantes, cada historia se apoya en la anterior sin tener que crear un escenario totalmente nuevo. Por supuesto, la idea de tener siempre las mismas dificultades durante muchos años de matrimonio puede ser algo desalentador. Con el tiempo, a medida que los líderes depuran su selección de historias y mejoran su forma de narrarlas, la tarea se volverá mucho más sencilla.

Cada nueva clase y grupo de parejas les ofrece una oportunidad para reflexionar en su propio matrimonio, en cosas que han mejorado su relación y en momentos en que han aprendido una valiosa lección. Todas las relaciones cambian con el tiempo, para mejor o para peor. Es más, nuestras relaciones con frecuencia influyen en la forma en que vivimos nuestra fe y nuestra relación con Dios.

Su parroquia o diócesis puede invitarlos a un taller o proporcionarles recursos que pueden repasar por su cuenta. Aprovechen todas las oportunidades que tengan para aprender, sin importar cuán buenos sean ya para hablar en público.

– Consejo –

Repasar las actividades de los capítulos y las preguntas de reflexión pueden darles ideas sobre qué anécdotas compartir y cuáles están relacionadas con el tema. Las anécdotas que escojan pueden cambiarlas con el tiempo y pueden ayudarles a seguir hablando con pasión del tema que están tratando.

– Consejo –

Las parroquias y diócesis animan a quienes dan los cursos de preparación matrimonial a mejorar sus habilidades y conocimientos ofreciéndoles capacitación en preparación sacramental, formación en la fe, catequesis y evangelización. A la mayoría de los líderes, ya sea voluntarios laicos o ministros profesionales, les gusta reunirse con otros líderes para compartir sus experiencias y mejores prácticas. Una Misa y una cena para los líderes es una buena forma de mostrarles su aprecio por lo que hacen.

Cómo determinar los capítulos a estudiar

Cada parroquia o diócesis debe encargarse de determinar la situación sacramental de la pareja y su nivel de preparación. Para hacerlo, Tu matrimonio te recomienda que todas las parejas hagan los primeros 10 capítulos del libro de trabajo de los novios; los últimos cuatro afrontan necesidades particulares que no se aplican a todas las parejas. Sin embargo, **deben ser estudiados y considerados obligatorios cuando sean relevantes** para la situación de alguna pareja. En aquellos grupos en que la mayoría o todas las parejas podrían beneficiarse de estudiar estos capítulos, lo mejor es incluirlos en el programa general. Cuando necesidades particulares o alguna sensibilidad social particular aconsejen reuniones privadas o extra, los líderes deberán comunicarle esto a las parejas con antelación y fijar un calendario.

1. ***Cohabitación***—especialmente para parejas que viven juntos y/o con niños, aunque los horarios que aparecen a continuación siempre incluyen este capítulo, dado que el tema es de utilidad para todas las parejas.
2. ***Anulación y convalidación***—para parejas cuyos miembros han estado casados antes o lo están en el presente. La anulación implica el divorcio civil; la convalidación, una boda civil. El sacerdote o párroco puede ayudarles a determinar la situación sacramental de una pareja, dado que ello afecta al proceso de preparación matrimonial.
3. ***Matrimonios intereclesiales e interreligiosos*** —para parejas en las que uno de ellos no es católico. Este capítulo presupone que al menos un miembro de la pareja es un católico activo y que ha recibido la Confirmación.
4. ***Matrimonio militar*** —para parejas en las que uno o ambos están activos en alguna de las ramas de las fuerzas armadas o de las reservas militares. Este capítulo puede ayudar también a las parejas civiles que trabajan en una base militar, a las que están relacionadas de alguna forma con el ejército o deben atravesar un periodo largo de separación ya sea por viajes de trabajo o porque uno de ellos está en la cárcel.

Horarios del programa

4 clases *(3 horas cada una)*

Primera clase: ¿Qué es el matrimonio?

Welcome / Hospitality . . . . *15 minutos*

Spirituality and Faith in Marriage. . . . . *50 minutos*

Descanso . . . . *15 minutos*

Teología del matrimonio. *50 minutos*

Rito del matrimonio . . . . *25–50 minutos, dependiendo de la anulación*

Anulación y convalidación . . . . *si es el caso, 25 minutos*

Segunda clase: El amor y la relación

Bienvenida / acogida . . . . *15 minutos*

La comunicación en el matrimonio . . . . *50 minutos*

La familia de origen . . . . *25–50 minutos, dependiendo de los matrimonios mixtos*

Descanso . . . . *15 minutos*

La intimidad . . . . *50 minutos*

Matrimonios intereclesiales e interreligiosos . . . . . *si es el caso, 25 minutos*

Tercera clase: Sexo y matrimonio

Bienvenida / acogida . . . . *15 minutos*

Sexualidad . . . . *50 minutos*

Planeación Familiar Natural . . . . *50 minutos*

Descanso . . . . *15 minutos*

Cohabitación . . . . *25–50 minutos, dependiendo de las necesidades de dar seguimiento a otros temas o de hacer algún repaso*

Cuarta clase: Temas de familia

Bienvenida / acogida . . . . *15 minutos*

Dinero y matrimonio. . . . . *50 minutos*

Descanso . . . . *15 minutos*

Los hijos y su educación . . . . *50 minutos*

El matrimonio militar . . . . *si es el caso, 25 minutos*

Repaso final* . . . . *25 minutos, dependiendo del matrimonio militar*

Servicio de oración conclusivo . . . . *25 minutos*

**Usen este tiempo para responder a las últimas preguntas, hacer alguna actividad adicional, responder al formulario de evaluación y/o discutir detalles de la boda.*

Dos clases de un día completo *(cada una de 6 horas)*

Primera clase: La relación del matrimonio

Bienvenida / acogida . . . . *15 minutos*

Espiritualidad y fe en el matrimonio. . . . . *50 minutos*

Anulación y convalidación . . . . *si es el caso, 20 minutos*

Teología del matrimonio. . . . . *50 minutos*

Rito del matrimonio . . . . *25 minutos*

Descanso / comida . . . . *40 minutos*

La comunicación en el matrimonio . . . . *50 minutos*

Dinero y matrimonio. *50 minutos*

Descanso . . . . *20 minutos*

Intimidad . . . . *40 minutos*

** Si no hay razón para tratar los temas de la anulación y la convalidación, el tiempo restante se puede dividir entre los capítulos Intimidad, Dinero y matrimonio y/o Comunicación, sobre todo para las actividades, para responder a preguntas complementarias o para discutir detalles de la boda.*

Segunda clase: Los hijos y la familia

Bienvenida / acogida . . . . *20 minutos*

Familia de origen . . . . *50 minutos*

Sexualidad . . . . *50 minutos*

Cohabitación . . . . *25–50 minutos*

Descanso / comida. . . . . *40 minutos*

Planeación Natural de la Familia . . . . *50 minutos*

Los hijos y su educación . . . . *50 minutos*

Matrimonios intereclesiales e interreligiosos . . . *si es el caso, 25–40 minutos*

El matrimonio militar . . . . *si es el caso, 25–40 minutos*

Servicio de oración conclusivo . . . . *30 minutos*

† Si no hay capítulos extra, dediquen 50 minutos al capítulo sobre la cohabitación y usen los 20 minutos restantes a repasar, a responder las últimas preguntas y a rellenar el formulario de la evaluación.

† Con un capítulo extra, dediquen 40 minutos a ese tema y 25 al tema de la cohabitación. Les van a quedar 5 minutos.

† Con dos capítulos extra, dediquen 25 minutos a cada uno de los tres capítulos. Van a necesitar tomar 5 minutos del tiempo total de la clase.

** Cada clase tiene de 15 a 20 minutos para bienvenida / acogida y otras necesidades.*

6 clases *(2 horas cada una)*

Primera clase: Poner las bases

Espiritualidad y fe en el matrimonio . . . . *50 minutos*

Cohabitación . . . . *25–50 minutos, dependiendo de si se verán o no capítulos adicionales*

Anulación y convalidación . . . . *si es el caso, 25 minutos*

Matrimonios intereclesiales e interreligiosos . . . . . *si es el caso, 25 minutos*

Matrimonio militar . . . . *si es el caso, 25 minutos*

† *Si no hay capítulos extra, dediquen 50 minutos a la cohabitación.*

† *Si hay un capítulo extra, dediquen 25 minutos a ese capítulo y 25 a la cohabitación.*

† *Si hay dos capítulos extra, dediquen 25 minutos a cada uno de ellos y pasen el capítulo de la cohabitación a la quinta clase (25 minutos).*

† *Con tres capítulos extra, tomen Cohabitación como se sugiere en las opciones de más arriba más un capítulo extra en la segunda sesión (25 minutos).*

Segunda clase: El plan de Dios para el matrimonio

Teología del matrimonio . . . . *50 minutos*

Rito del matrimonio . . . . *25–50 minutos, dependiendo de si se verán o no capítulos adicionales*

Tercera clase: Construir la unidad

La comunicación en el matrimonio . . . . *50 minutos*

Intimidad . . . . *50 minutos*

Cuarta clase: La vida cotidiana en el matrimonio

La familia de origen . . . . *50 minutos*

Dinero y matrimonio . . . . *50 minutos*

Quinta clase: La vida juntos

Sexualidad . . . . *50 minutos*

Planeación Natural de la Familia . . . . *25–50 minutos, dependiendo del capítulo sobre la cohabitación*

Sexta clase: Hijos y familia

Hijos y su educación . . . . *50 minutos*

Repaso final* . . . . *25 minutos*

Servicio de oración final . . . . *25 minutos*

**Usen este tiempo para responder a posibles preguntas de último momento, hacer alguna actividad extra, rellenar el formulario de la evaluación y/o para discutir detalles de la boda.*

Retiro de fin de semana

Los tiempos se basan en el formato de seis clases de arriba, sugiriendo tener el programa viernes y sábado

Viernes por la noche

6:30 . . . . Bienvenida / acogida
7:00 . . . . **Poner las bases** *(ver "Primera clase")*
8:45 . . . . Tiempo libre (convivencia)

Sábado por la mañana

8:00 . . . . Desayuno
8:30 . . . . **El plan de Dios para el matrimonio** *(ver "Segunda clase")*
10:15 . . . . Descanso / refrigerio
10:30 . . . . **Construir la unidad** *(ver "Tercera clase")*

Sábado por la tarde

12:15. . . . . Comida
1:00 . . . . **La vida cotidiana en el matrimonio** *(ver "Cuarta clase")*
2:45 . . . . Descanso *(ofrecer aquí la posibilidad de acercarse al Sacramento de la Reconciliación)*
3:15 . . . . **La vida juntos** *(ver "Quinta clase")*

Sábado por la noche

5:00 . . . . Cena
5:45 . . . . **Los hijos y la familia** (ver "Sexta clase")
7:30 . . . . Repaso final y formulario de evaluación
8:00 . . . . Servicio de oración conclusivo / presentación de certificados
8:30 . . . . Tiempo libre (hacer maletas)

Domingo por la mañana

8:00 . . . . Misa
8:30 . . . . Desayuno
9:00 . . . . Despedida

Oración inicial y oración final

Oración inicial

Dios lleno de amor, nos has llamado aquí este día para prepararnos de la mejor manera al Sacramento del Matrimonio.

Bendícenos con la gracia que necesitamos para abrir nuestros corazones y mentes al Santo misterio del matrimonio.

Queremos vivir como esposo y esposa con un amor que nunca fracase.

Bendice nuestras conversaciones y nuestros momentos de silencio con tu sabiduría.

Nos apoyamos en la fe y en la oración para construir un sólido matrimonio.

Bendice nuestro amor con la gracia de ser misericordiosos y generosos.

Queremos que nuestro matrimonio brille con el amor y la luz de Cristo para que seamos un signo de tu amor incondicional y eterno por todo el mundo.

Amén.

Oración final

Oh Dios, tu amor y misericordia nos llegan a través del otro.

Tú nos has llamado aquí (hoy / esta noche) para reflexionar y entender mejor la alianza para toda la vida que haremos con el otro en el matrimonio.

Ayúdanos a estar abiertos a la acción de la gracia para prepararnos bien, discernir con madurez nuestros votos y prepararnos a construir un matrimonio sólido.

Te agradecemos tu presencia ahora que compartimos todo lo que hemos recibido y seguimos creciendo en amor y unión.

Bendice nuestras conversaciones y ayúdanos a ver tu rostro en el otro.

Amén.

Espiritualidad y fe en el matrimonio *(50 minutos)*

Acogida

Saluden a las parejas cuando lleguen o vuelvan. Asegúrense de que tengan los materiales necesarios y ofrézcanles la papelería que les haga falta. Inicien a tiempo.

Puntos principales (2 minutos)

Digan: "Primero vamos a hablar de la espiritualidad en el contexto del matrimonio. Este tema nos enseña que…":

1. *Cristo es el fundamento de la Iglesia doméstica. Esto se explica en el libro de trabajo, en la pág. 14.*
2. *La fe dentro del matrimonio puede ser un reto. Este capítulo aborda algunos retos comunes, incluyendo las diferencias en las prácticas religiosas (libro de trabajo, pág. 11).*
3. *Cómo llevar juntos una vida de oración. Las sugerencias para orar juntos y los beneficios que de ello derivan se encuentran en el libro de trabajo, en la pág. 12.*

Hagan la transición a los videos utilizando una pregunta. Pidan a los participantes que den sus respuestas y comenten sus impresiones una vez que termine el segmento.

¿Qué es lo que más valoras de tu fe y espiritualidad? ¿Qué cosas te parecen difíciles?

Videos (7 minutos)

Vean los segmentos "Introducción" y "Espiritualidad y fe en el matrimonio".

Repaso (10 minutos)

- Expliquen con sus propias palabras cuál sería un sólido fundamento para un matrimonio.
- Expliquen por qué amar a alguien es una opción personal y el matrimonio, una decisión de amar al otro completa, libre y continuamente.
- Pidan a las parejas que den algunos ejemplos de oraciones. Acojan sus respuestas. Cuando oramos, estamos llamados a escuchar a Dios mientras hablamos. Pídanles que les digan cómo harían su oración juntos. La oración compartida exige ser vulnerable, confiar y servir. Es una forma de contacto íntimo y una de las mejores maneras de construir con el otro una relación llena de amor.

– Consejo –

El *Catecismo de la Iglesia Católica* ofrece algunas ideas interesantes acerca del significado, la necesidad y las diversas formas de oración (ver CIC 2559-2745).

Experiencia personal (5 minutos)

Usando una experiencia previamente seleccionada de uno de los líderes, ilustren una o dos ideas clave para ayudar a las parejas a entender y responder a lo que se les pide.

- ¿Con qué actitud te acercas a la parte espiritual de tu matrimonio?
- ¿De qué forma ha cambiado (o no) tu práctica religiosa con el paso de los años?
- ¿Qué sentimientos y retos descubriste al orar y vivir tu fe junto con tu prometido o prometida?
- ¿De qué forma resolviste los conflictos que se presentaron? Compara los "Beneficios de orar juntos" que se encuentran en la página 12 del libro de trabajo de los novios con tu propia experiencia

Actividad (10 minutos)

Escojan una actividad y pidan a las parejas que la hagan por separado, anotando sus respuestas antes de compartirlas con su prometido. Pídanles que se tomen en serio cada actividad y que no escriban simplemente lo primero que se les venga a la cabeza. Las parejas deben hacer las actividades restantes por su parte antes de que se tenga la siguiente clase, de forma que las preguntas de seguimiento se puedan responder y se obtenga una comprensión más profunda de los temas.

"Sagrada Escritura" *libro de trabajo, pág. 9.*

"Diferentes prácticas religiosas", *pág. 11.*

"Cómo encontrar un estilo común de oración", *pág. 13.*

Preguntas de reflexión (17 minutos)

Ver el libro de trabajo, pág. 16:

Después de que cada uno de los participantes reflexione y escriba sus respuestas, la pareja las discutirá en privado. Anímenlos a hacer algo más que solo leer lo que escribieron: deben ayudarse entre sí a entender mejor sus convicciones y sentimientos. Respetar el orden de las preguntas y responder a todas no es tan importante como comenzar algunas conversaciones profundas sobre las que se podrá volver más adelante.

Teología del matrimonio *(50 minutos)*

Bienvenida y acogida

Saluden a las parejas cuando lleguen o vuelvan. Asegúrense de que tienen los materiales necesarios y ofrézcanles la papelería que les haga falta. Inicien a tiempo.

Puntos principales (2 minutos)

Hagan brevemente la introducción al tema como aparece en el capítulo:

1. *¿Qué hace del matrimonio algo único?*
2. *¿Cuáles son los "bienes" del matrimonio?*
3. *¿Qué se entiende por "ley natural"?*

Hagan la transición a los videos utilizando una pregunta. Pidan a los participantes que den sus respuestas y comenten sus impresiones una vez que termine el segmento.

¿Cuáles son los "bienes" o beneficios que esperas recibir en el matrimonio? ¿De qué forma estas cosas reflejan las enseñanzas de Cristo?

Video (6 minutos)

Vean el segmento "Teología del matrimonio".

Repaso (12 minutos)

- Vuelvan a la actividad "Qué hace a un matrimonio algo especial" (ve a la siguiente página y a la pág. 22 del libro de trabajo de los novios). Comiencen con uno o dos ejemplos suyos, después pidan a las parejas que den algunos más.
- Evalúen su comprensión de "propio" y "natural" distinguiendo entre lo que es "natural" y lo que se entiende por el término de la Iglesia "ley natural". Posiblemente tendrán que consultar otras fuentes para encontrar ejemplos claros.
- Hagan hincapié en el gran valor de la apertura a la procreación, la fidelidad y a una alianza que no puede romperse. Recuérdenles que ellos aceptarán estos "bienes" necesarios el día de su boda.

Experiencia personal (5 minutos)

Usando la experiencia previamente seleccionada de uno de los líderes, ilustren una o dos ideas clave para ayudar a las parejas a entender y responder a lo que se les pide.

- Den ejemplos de su relación matrimonial sobre estos tres "bienes del matrimonio" y hablen de cómo se han desarrollado a lo largo de los años.
- Compartan los beneficios de la gracia recibida con el sacramento y/o de la presencia de Dios como las han experimentado en su matrimonio.

Actividades (10 minutos)

Hagan la introducción a "¿Qué hace especial a un matrimonio?". Den definiciones breves de los términos que aparecen abajo, para que las parejas tengan mayor claridad y entiendan el contexto. Pídanles que reflexionen por separado y que anoten sus respuestas antes de compartirlas con su prometido. Invítenlos a tomarse en serio cada actividad y a que no escriban simplemente una respuesta rápida. Si el tiempo lo permite, pasen a "Buscar lo mejor". A pesar de ello, deben hacer también las actividades restantes por su cuenta antes de la siguiente clase, de forma que las preguntas de seguimiento se puedan responder y se obtenga una comprensión más profunda de los temas.

"¿Qué hace a un matrimonio algo especial?" *libro de trabajo de los novios, pág. 22*: si hace falta, definan los siguientes términos:
exclusiva: solo puede darse esa relación en un momento dado (como la monogamia sexual);
suprema: se le da a esta relación el mayor valor y prioridad;
potencial reproductivo: la pareja tiene la capacidad biológica para concebir un hijo junto con el otro. Este es un tema de género físico, no de fertilidad, y no influye en la adopción o en la fecundación artificial.

"Teología en acción" *pág. 27:*
Hagan preguntas sobre dos o tres de los versículos seleccionados y dejen algunos minutos más para que las parejas puedan discutir en privado los restantes.

"Buscar lo mejor" *págs. 30-31: Rellenar los cuadros junto con las parejas les ayudará a estas a entender los tres "bienes" y a integrar la ley natural en su concepción del matrimonio (ver el número 2 de los puntos principales).*

Para cada cuadro, animen a las parejas a completar los ejemplos biológico y humano/social. Después ofrezcan los ejemplos y fines que aparecen abajo:

Lava: *ejemplo: Bautismo; Fines: "Baño de renacimiento y renovación" (Tit 3:5) y perdón / borra el pecado (CIC 405, 1263).*

Arte: *ejemplos: arte sagrado e iconos religiosos; Fines: "evocar y glorificar (...) el misterio trascendente de Dios" (CIC 2502, ver también Sacrosanctum Concilium, 122)*

Preguntas de reflexión (15 minutos)

Ver el libro de trabajo, pág. 34:

Después de que cada participante reflexione y escriba sus propias respuestas, la pareja las discutirá en privado. Anímenlos a hacer algo más que leer lo que escribieron. Se deben ayudar el uno al otro a entender sus convicciones y sentimientos. Leer en orden las respuestas y responder a todas las preguntas no es tan importante como iniciar conversaciones reales en las que seguirán profundizando más adelante.

El rito del matrimonio *(25 minutos / 50 minutos)*

Bienvenida y acogida

Saluden a las parejas cuando lleguen o vuelvan. Asegúrense de que tengan los materiales necesarios y ofrézcanles la papelería que les haga falta. *Se requerirá una Biblia para algunas de las actividades de este capítulo. Inicien a tiempo.*

Puntos principales (2 minutos)

Hagan una breve introducción al tema como aparece en el capítulo"

1. *El matrimonio se realiza con la expresión del consentimiento por ambas partes.* Los cuatro pasos de esta declaración se encuentran en la pág. 44 del libro de trabajo.
2. *Como sacramento, el rito del matrimonio a menudo se celebra dentro de la Misa (vean el libro de trabajo, pág. 44).*
3. *Dentro del rito, hay forma de personalizar la ceremonia.* El cuadro para planear la boda comienza en el libro de trabajo en la pág. 48 y muestra las diversas opciones.

Hagan la transición al video utilizando una pregunta. Pidan a los participantes que den sus respuestas y comenten sus impresiones una vez que termine el segmento.

¿De qué manera te imaginas la ceremonia de tu boda? ¿Tienes alguna palabra o frase favorita de los votos matrimoniales?

Video (5 minutos)

Vean el segmento "El rito del matrimonio".

Repaso (8-13 minutos)

- Recuerden a las parejas que la Misa es la máxima expresión de lo que debe reflejar el matrimonio: el amor eterno, incondicional y generoso de Dios.
- Expliquen la necesidad de dar un consentimiento libre y completo. Usen ejemplos negativos para ilustrar coacciones y presiones para casarse (por ejemplo, salud mental, posesión de propiedades en común, embarazo no deseado).
- La preparación matrimonial es el tiempo y el lugar para que cada individuo discierna por completo y de manera definitiva si debe o no contraer matrimonio. Animen a las parejas a realizar este proceso necesario ofreciéndoles tiempo y espacio para la reflexión personal durante las sesiones. El segmento del DVD sobre la cohabitación también afronta este discernimiento (ver págs. 44-45 y el libro de trabajo en la pág. 186).

– Consejo –

Ayuden a las parejas a encontrar cualquier documento necesario como por ejemplo su acta de bautismo. Una lista de contactos en las estructuras diocesanas y de los documentos requeridos en su zona puede ser de mucha utilidad.

Experiencia personal (5 minutos)

Usando una experiencia previamente seleccionada de uno de los líderes, ilustren una o dos ideas clave para ayudar a las parejas a entender y responder a lo que se les pide.

- Reflexionen en las lecturas que escogieron para su boda y compartan con las parejas por qué son importantes para ustedes.
- Eviten contar historias sobre la planeación de su boda o del día de la boda que no tengan algún objetivo didáctico. Más bien, compartan detalles que ofrezcan oportunidades para discutir y profundizar en los temas tratados.

Actividades (5 o 10 minutos)

Escojan una actividad, si el tiempo lo permite. Pídanles que reflexionen por separado y que anoten sus respuestas antes de compartirlas con su prometido. Anímenlos a tomarse en serio cada actividad y que no escriban simplemente una respuesta rápida. Las parejas deben terminar las actividades que queden pendientes por su parte antes de la siguiente clase o al menos antes de la boda, de forma que las preguntas de seguimiento puedan responderse y se logre una mayor asimilación de los contenidos.

"Reflexionen en una lectura de la boda," *Libro de trabajo, págs. 42, 52-53:* Su propia experiencia acerca de por qué escogieron determinadas lecturas puede guiar a los participantes en este ejercicio.

"Ruega por nosotros," *pág. 46:* Escojan un ejemplo para mostrar cómo las peticiones deben abarcar a más personas e instituciones y denles tiempo para que redacten una petición. Pregunten si alguien quiere leer su petición a todo el grupo.

"Materiales para organizar la boda," *pág. 48:* Estos materiales se irán completando poco a poco bajo la guía de quien dirige el curso. Las parejas pueden descargar e imprimir una copia de estas páginas de *Liguori.org/marriage*.

Preguntas de reflexión (alrededor de 15 minutos)

Libro de trabajo, pág. 56:

Después de que cada uno de los participantes reflexione y escriba sus respuestas, la pareja las discutirá en privado. Anímenlos a hacer algo más que leer lo que escribieron. Deben ayudarse entre sí a entender mejor sus convicciones y sentimientos. Respetar el orden de las preguntas y responder a todas ellas no es tan importante como dar inicio a un verdadero diálogo en el que se seguirá profundizando con el tiempo.

La comunicación en el matrimonio *(50 minutos)*

Bienvenida y acogida

Saluden a las parejas conforme vayan llegando o regresando. Asegúrense de que tienen los materiales necesarios y ofrézcanles las plumas y el papel que les hagan falta. *Consideren reservar un tiempo para recibir el sacramento de la Reconciliación, el cual está a disposición de todo cristiano bautizado. Comiencen con puntualidad.*

Ideas clave (2 minutos)

Digan: "Ahora vamos a hablar de la comunicación en el matrimonio. Este tema nos enseña que…":

1. *Comunicarse significa comprender al otro, no es solo decir lo que uno piensa (ver el libro de trabajo en la pág. 62).*
2. *La comunicación es una habilidad que puede aprenderse. Las actividades de este capítulo ofrecen actividades dirigidas para practicar y aprender esta habilidad.*
3. *Siempre busca y di la verdad. El libro de trabajo, en las págs. 65-66 explica a las parejas los pasos de este proceso.*

Hagan la transición al video utilizando una pregunta. Pidan a los participantes que den sus respuestas y comenten sus impresiones una vez que termine el segmento.

> ***¿Cuál es un ejemplo típico de tu lenguaje corporal?***

Video (6 minutos)

Vean el segmento "La comunicación en el matrimonio".

Repaso (10 minutos)

- La comunicación puede (y debe) mejorar con la práctica. Su finalidad es comprender al otro, sanar y crecer en la humildad. Una disculpa sincera es una expresión de amor.
- Escuchar muchas veces es más importante que hablar. Una persona que sabe escuchar no está buscando la respuesta perfecta mientras el otro aún está hablando, sino que presta atención cuidadosamente a lo que el otro está diciendo y a cómo se está sintiendo.
- La sinceridad y el respeto por el punto de vista de tu pareja te ayudarán a tener siempre conversaciones francas y productivas; también te ayudará tener cuidado para escoger bien tus palabras, asegurándote de que sean siempre constructivas:
  + Sinceridad, espontaneidad y secretos a la luz del octavo mandamiento (CIC 2464-2499);
  + Escándalo a la luz del quinto mandamiento (CIC 2284-2499).
  + Las virtudes de la prudencia y la templanza (CIC 1806, 1808), las cuales están relacionadas con el dominio de sí mismo y la discreción.

Experiencia personal (5 minutos)

Usando un ejemplo tomado de la vida de los líderes, ilustren una o dos ideas clave para ayudar a las parejas a entender y responder al contenido del capítulo.

- Hablen de los hábitos de comunicación con los que llegaron al matrimonio y de aquellos que les faltaban.
- Con uno o dos ejemplos claros expliquen formas de comunicación equivocadas y lo que les enseñaron sobre cómo comunicarse.
- ¿En qué ha cambiado su forma de comunicarse desde que se casaron hasta ahora?

Actividades (10 minutos)

Escojan **una actividad y un modelo de respuestas adecuadas** como se muestra abajo. Pidan a las parejas que reflexionen por separado y que escriban sus respuestas antes de compartirlas con su prometido. Invítenlos a que se esfuercen de verdad en cada actividad y a que no anoten solamente una respuesta rápida. Las parejas deben hacer el resto de las actividades por su cuenta antes de la siguiente clase, de forma que se puedan responder las preguntas de seguimiento y se logre una mayor asimilación.

"Él dijo/ella dijo", *libro de trabajo, pág. 62*

"Ahora, ¡inténtalo tú!", *pág. 66*

Perdón y reconciliación / examen de conciencia", *pág. 69:*

✚ Para ayudar a las parejas a comprender la importancia de arriesgarse a ser vulnerables y de la honestidad, los líderes hacen una representación de los números 2 y 3 de esta actividad, hablando en voz alta (deben pedir perdón a su esposo o esposa por una ofensa concreta y prometer enmendarse).

✚ Durante el examen de conciencia, pongan música tranquila para ayudar a la introspección y pongan a disposición de los participantes papel, plumas y pañuelos de papel. Lo ideal es que a continuación se tenga el Sacramento de la reconciliación. Si no es así, animen a las parejas a recibirlo tan pronto como les sea posible. Deben ir como pareja y rezar juntos antes y/o después del mismo.

Preguntas de reflexión (17 minutos)

Libro de trabajo, pág. 70:

Después de que cada uno de los participantes reflexione y escriba sus respuestas, la pareja las discutirá en privado. Anímenlos a hacer algo más que leer lo que escribieron. Deben ayudarse entre sí a entender mejor sus convicciones y sentimientos. Respetar el orden de las preguntas y responder a todas ellas no es tan importante como dar inicio a un verdadero diálogo en el que se seguirá profundizando con el tiempo.

La familia de origen *(25 – 50 minutos)*

Bienvenida y acogida

Saluden a las parejas conforme vayan llegando o regresando. Asegúrense de que tienen los materiales necesarios y ofrézcanles las plumas y el papel que les hagan falta. Comiencen con puntualidad.

Ideas clave (2 minutos)

Digan: "Ahora vamos a hablar de nuestras familias de origen. Este capítulo nos enseña sobre…":

1. *Armonizar las diferencias mientras se fortalecen nuevos puntos en común. El libro de trabajo, en la pág. 75 menciona las relaciones sanas que se deben fortalecer.*
2. Los cuatro temperamentos. Cada temperamento se explica de forma detallada en las págs. 80-83 del libro de trabajo.
3. Llegar juntos a la mejor versión de nosotros mismos (ver la actividad de las págs. 80-83 del libro de trabajo.

Hagan la transición al video utilizando una pregunta. Pidan a los participantes que den sus respuestas y comenten sus impresiones una vez que termine el segmento.

¿Cuáles son sus roles en este momento y sus relaciones? ¿Son hermanos, amigos, colegas, estudiantes, padres o madres, discípulos?

Video (5 minutos)

Vean el segmento "La familia de origen".

Repaso (5 u 8 minutos)

- Comprender quiénes somos y por qué reaccionamos de cierta manera tiene un impacto significativo en todas las facetas de tu matrimonio.
- No des por supuesto que tu esposo o esposa va a cambiar sus hábitos adquiridos. Sé paciente; es algo que implica esfuerzo y atención, tanto por parte del esposo como de la esposa.
- Si bien estamos llamados a entregarnos completamente a Dios y a nuestro esposo o esposa, esto no quiere decir que necesitamos ser perfectos para poder ser amados. Esforzarnos por ser lo mejor que podamos en un matrimonio significa ayudarnos el uno al otro a alcanzar nuestras propias metas.

Experiencia personal (5 minutos)

Usando un ejemplo tomado de la vida de un líder, ilustren una o dos ideas clave para ayudar a las parejas a entender y responder al contenido del capítulo.

- Expliquen con una anécdota propia cómo los han influido en su matrimonio los aspectos positivos y negativos de su familia de origen (número de hermanos, importancia de la estabilidad financiera y otros aspectos).
- Pongan un ejemplo de alguna ocasión en que se hayan dado cuenta de cómo las tradiciones de la familia de origen de su esposo o esposa eran distintas de las que se vivían en sus respectivas familias. ¿De qué forma pudieron crear sus propias tradiciones apoyándose en estas diferencias (o semejanzas)?
- Escojan una o dos categorías del ejercicio "Convertirnos en la mejor versión de nosotros mismos" (libro de trabajo, pág. 84) y compartan sus metas personales. Expliquen cómo están trabajando juntos para alcanzarlas.

Actividades (8 o 15 minutos)

Hagan la introducción a la actividad "¿Qué harías?" y pidan a las parejas que reflexionen en privado sobre sus respuestas antes de compartirlas con su prometido o prometida y/o con todo el grupo. Si el tiempo lo permite, comiencen o simplemente hagan la introducción a "Convertirnos en la mejor versión de nosotros mismos". Las parejas deben hacer el resto de las actividades por su cuenta antes de la siguiente clase, de forma que se puedan responder las preguntas de seguimiento y se logre una mayor asimilación.

¿Qué harías? *pág. 76:*

Las respuestas van a variar y las parejas deben poder explicar qué razonamiento las llevó a esas respuestas. Hacer una tormenta de ideas juntos puede llevar a mejores soluciones. Las siguientes sugerencias también pueden ayudar:

1. ***La esposa de Saúl debe ser honesta y debe correr el riesgo de compartir cómo se siente*** No puede seguir reprimiendo sus sentimientos. Saúl necesita entender el efecto de sus palabras y debe pensar en nuevas formas de convivir con su esposa. Pueden ayudarse mutuamente a ser más considerados en su forma de hablar y a expresar su cercanía de otra manera.

2. ***El esposo de Isabela debe explicarle*** la molestia que le causa la forma en que ella habla y debe pedirle que sea clara, sobre todo cuando se trata de cosas importantes. Juntos pueden practicar la sinceridad y recordarƒ cuánto aprecian cosas como la honestidad y la buena comunicación.

3. ***Ambos esposos debe buscar llegar a un acuerdo y reconciliarse.*** Pueden comenzar diciendo, "lo siento" y "te perdono". Cristian va a necesitar aprender a ser humilde y paciente, y a buscar más agradar a Emilia. Emilia necesita practicar el respeto y tener más en cuenta las aportaciones y opiniones de Cristian al tomar decisiones.

4. ***Janet puede adquirir el hábito de tomar un poco de tiempo antes de hablar.*** Contar hasta diez, respirar profundo, decir una breve oración o hablar más despacio le ayudarán a dar respuestas más serenas. También debe reflexionar con calma en su respuesta quizás escribiéndola en un papel y dejado pasar un poco de tiempo para esperar a que se enfríen las cosas.

5. ***David necesita entender*** la diferencia entre ser diligente y ser perfeccionista. La salvación no depende del propio mérito o de lo bien que uno hace las cosas. Más que concentrarse en las dudas y fracasos, se le debe recordar –a él y a otros– su dignidad inherente, el esfuerzo sincero que está realizando y sus éxitos. También puede practicar la paciencia y la misericordia, para crear un espacio de libertad que le permita progresar al paso de Dios y asumir retos y riesgos razonable.

"Tabla de los temperamentos", *págs. 82-83, punto principal número 2*

"Convertirnos en la mejor versión de nosotros mismos: una rutina para estar en forma" *pág. 84,* punto 3:

Si los líderes están haciendo una representación de este ejercicio, preparen algunos objetivos con antelación. Pidan a las parejas que comiencen con la parte física y espiritual; las otras es más fácil hacerlas sin la ayuda de los líderes.

Reflexión y discusión (alrededor de 15 minutos)

Libro de trabajo, pág. 86:

Después de que cada uno de los participantes reflexione y anote sus respuestas, la pareja las discutirá en privado. Anímenlos a hacer algo más que leer lo que escribieron. Se deben ayudar entre sí a entender sus convicciones y sentimientos. Responder las preguntas en orden o responderlas todas no es tan importante como iniciar un verdadero diálogo en el que se seguirá profundizando más adelante.

Dinero y matrimonio *(50 minutos)*

Bienvenida y acogida

Saluden a las parejas conforme vayan llegando o regresando. Asegúrense de que tengan los materiales necesarios y ofrézcanles la papelería que les haga falta. Comiencen con puntualidad.

Ideas clave (2 minutos)

Digan: "Ahora vamos a hablar del dinero en el contexto del matrimonio. Este tema nos enseña que…":

1. *El espíritu de servicio y la generosidad son el puente entre su fe y sus finanzas. Se habla de estos temas en la pág. 93 del libro de trabajo.*
2. *Hagan juntos un presupuesto y un plan financiero. Las herramientas y actividades de este capítulo ayudan a las parejas a realizar esta tarea.*
3. Los ahorros y la creación de riqueza son necesarios (ver pág. 100 y 104 del libro de trabajo).

Hagan la transición al video utilizando una pregunta. Pidan a los participantes que den sus respuestas y comenten sus impresiones una vez que termine el segmento.

Den un ejemplo de cómo se manejó el dinero en su familia cuando eran pequeños.

Video (5 minutos)

Vean el segmento "Dinero y matrimonio"

Repaso (10 minutos)

- *Los dones de Dios (intelectuales, físicos y económicos) permiten a la gente servir a Dios y a los demás, especialmente a sus familias. Consulten el Catecismo para ver una explicación de "el destino universal de los bienes" (CIC 2403-2404).*

- Hagan hincapié en que **ahora** es el tiempo para comenzar a hacer una planeación de las necesidades de la familia y de las responsabilidades comunes (casa / pago de las mensualidades del coche; educación; retiro). Los fondos de ahorro y las inversiones no son algo que simplemente "esté bien" tener.
- Recuerden a las parejas que las hojas financieras y las actividades que aparecen en este capítulo también están disponibles en línea.

Experiencia personal (5 minutos)

Usando un ejemplo tomado de la vida de un líder, ilustren una o dos ideas clave para ayudar a las parejas a entender y responder al contenido del capítulo.

- Compartan sus éxitos y fracasos a la hora de manejar un presupuesto en su matrimonio. Escojan uno o dos ejemplos y expliquen lo que estos les enseñaron.
- Si han tenido serios conflictos a causa del dinero o han pasado por dificultades económicas, será de gran provecho compartir con los participantes las causas y los efectos de todo ello, a la luz de la fe.

Actividad (10 minutos)

Escoge una o dos actividades según lo permita el tiempo. Se recomiendan "Cómo afrontar las deudas" y "Sagrada Escritura". Pidan a las parejas que reflexionen por separado y que escriban sus respuestas antes de compartirlas con su prometido. Anímenlos a esforzarse de verdad en cada actividad y a que eviten anotar solamente una respuesta rápida. Las parejas deben hacer por su cuenta las actividades que queden antes de su boda, de forma que tengan una mejor comprensión de lo explicado y comiencen a vivir de acuerdo con un presupuesto común.

"Sagrada Escritura," *libro de trabajo, pág. 92:* Presenta un ejemplo de tu propio matrimonio para comenzar.

"Ejemplo de presupuesto," *pág. 97:* Las parejas pueden usarlo en casa para tener una referencia a la hora de preparar su primer presupuesto en común.

"Cómo afrontar las deudas," *págs. 98-99:* Denle tiempo a las parejas para que escriban las respuestas de él y de ella por separado, y después dejen que las discutan en una o dos de las cuatro categorías. Anímenlos a terminar el ejercicio por su cuenta.

"Formulario para hacer un balance/ Ejemplo de presupuesto," *págs. 108-111:* Las parejas deben completar estas tablas por su cuenta si lo desean. Los formularios pueden descargarse e imprimir de *Liguori.org/marriage.*

Preguntas de reflexión (18 minutos)

Libro de trabajo, pág. 106:

Después de que cada uno de los participantes reflexione y escriba sus respuestas, las discute en privado con su pareja. Anímenlos a hacer algo más que leer lo que escribieron. Se deben ayudar entre sí a entender sus convicciones y sentimientos. Responder las preguntas en orden o responderlas todas no es tan importante como iniciar un verdadero diálogo en el que se seguirá profundizando a lo largo del tiempo.

Intimidad *(25 – 50 minutos)*

Bienvenida y acogida

Saluden a las parejas conforme vayan llegando o regresando. Asegúrense de que tienen los materiales necesarios y ofrézcanles las plumas y el papel que les hagan falta. Comiencen con puntualidad.

Ideas clave (2 minutos)

Digan: "Ahora vamos a hablar de la intimidad en el matrimonio. Este tema nos enseña que…":

1. *La intimidad refleja la Trinidad (ver libro de trabajo en la pág. 114).*
2. *Cualidades y recompensas de la verdadera intimidad. Hagan la relación entre las listas que se encuentran en el libro de trabajo, en las págs. 115 y 123. Hay algunas semejanzas.*
3. *Satisfacer deseos, necesidades y exigencias (ver el libro de trabajo en la pág. 121).*

Hagan la transición al video utilizando una pregunta. Pidan a los participantes que den sus respuestas y comenten sus impresiones una vez que termine el segmento.

¿De qué forma tu prometido o prometida te deja ser tú mismo?

Video (5 minutos)

Vean el segmento "Intimidad"

Repaso (8 - 13 minutos)

- El Papa Francisco, en la audiencia del 2 de abril de 2014 explica de manera concisa el designio de Dios para el matrimonio, es decir, que refleja la unión de la Trinidad y de Cristo con la Iglesia. Pueden encontrarla en el sitio del Vaticano, www.vatican.va.
- Pidan a las parejas que pongan algunos ejemplos de verdadera y de falsa intimidad, y señala las diferencias. Después, pídanles ejemplos de las formas en que otras personas o culturas usan la palabra "intimidad" y comparen esos ejemplos con la intimidad matrimonial descrita en el libro de trabajo.
- Recuerden a las parejas que la intimidad se desarrolla con el tiempo. De cualquier forma, ahora es el momento para detectar y hablar abiertamente de sus miedos o señales de alerta: hay que hacerlo antes de la boda. Invítenlos a buscar ayuda externa si detectan algo que pueda estar amenazando su relación.
- Hagan hincapié en la diferencia que hay entre un deseo y una preferencia, por un lado, y una verdadera necesidad. Cristo nos da su fuerza para aprender a hacer la vista gorda y renunciar a nuestros deseos por un bien mayor. Como las necesidades son algo esencial, no deben ser demasiadas. Estas pueden cambiar con el tiempo y exigen de la pareja poner en práctica sus mejores habilidades para comunicarse de forma que hablen con frecuencia y de forma constructiva sobre sus esperanzas y sueños.

Experiencia personal (5 minutos)

Usando un ejemplo tomado de la vida de un líder, ilustren una o dos ideas clave para ayudar a las parejas a entender y responder al contenido del capítulo.

- Mencionen una o dos cualidades que cada uno de ustedes encontró en el otro durante los primeros años de su matrimonio y cómo estas se atenuaron, fortalecieron o permanecieron iguales.
- Describan lo que sería para ustedes una cita perfecta y la importancia de encontrar tiempo para estar juntos y gozar de momentos románticos. Enriquezcan esta breve descripción explicando cómo superaron sus más grandes diferencias.
- Compartan con los participantes algunos de sus deseos, necesidades y exigencias, y expliquen cómo los satisficieron con la ayuda o apoyo de su esposo o esposa.

Actividad (5 - 10 minutos)

Escojan una actividad y pidan a las parejas que reflexionen por separado y que escriban sus respuestas antes de compartirlas con su prometido. Anímenlas a esforzarse de verdad y que eviten anotar solamente una respuesta rápida. Las parejas deben hacer por su cuenta las actividades que queden antes de la siguiente clase o al menos antes de la boda, de forma que puedan responder a las preguntas de seguimiento y se logre una mayor asimilación.

"Conocerse", *libro de trabajo, pág. 116.*

"Volverse el uno al otro", *págs. 119-12,* tercer punto principal:

Pidan a las parejas que reflexionen en sus respuestas y que las anoten, antes de compartirlas con el grupo.

"Factores decisivos", *pág. 122:*

Pidan a las parejas que reflexionen en sus respuestas y que las anoten, antes de compartirlas con el grupo.

"La cita perfecta", *pág. 125:*

Pidan a las parejas que expliquen cómo sería su cita perfecta, incluso si ya han hablado de ello antes. También piensen en la posibilidad de pedir a las parejas o a los líderes que hablen de los mejores momentos que han pasado juntos. Las parejas pueden completar el ejercicio por su cuenta.

Preguntas de reflexión (alrededor de 15 minutos)

Libro de trabajo pág. 126

Los participantes reflexionan y escriben sus respuestas individualmente. Después la pareja las discute en privado. Anímenlos a hacer algo más que leer lo que escribieron. Se deben ayudar entre sí a entender sus convicciones y sentimientos. Responder las preguntas en orden o responderlas todas no es tan importante como iniciar un verdadero diálogo en el que se seguirá profundizando más adelante.

Sexualidad *(50 minutos)*

Bienvenida y acogida

Saluden a las parejas conforme vayan llegando o regresando. Asegúrense de que tienen los materiales necesarios y ofrézcanles las plumas y el papel que les hagan falta. Comiencen con puntualidad.

Ideas clave (2 minutos)

Digan: "Ahora vamos a hablar sobre la sexualidad. Este tema nos enseña que…"

1. *El designio de Dios sobre el acto sexual y la sexualidad (hay un resumen de la Teología del Cuerpo en la pág. 131 del libro de trabajo).*
2. *Los dos fines del acto sexual (la procreación y fortalecer el amor de los esposos, ver la pág. 133 del libro de trabajo).*
3. *La moralidad de los actos y de las prácticas sexuales.*

Hagan la transición al video utilizando una pregunta. Pidan a los participantes que den sus respuestas y comenten sus impresiones una vez que termine el segmento.

Si su sexualidad fuera una flama, ¿cómo la describirías?, ¿como un cerillo o como una fogata?

Video (4 minutos)

Vean el segmento "Sexualidad".

Repaso (9 minutos)

- Hablen del tema de la naturaleza del amor matrimonial en relación con nuestros cuerpos y la unión de los esposos como un reflejo de nuestra unión con Dios. En su *Teología del cuerpo*, Juan Pablo II habla del "significado marital" de nuestros cuerpos. Al darse libremente el uno al otro, los esposos comparten el amor del Creador con el otro, lo cual hace fecunda su unión.
- La sexualidad en el matrimonio es más que un acto meramente físico. Los gestos de amor, las caricias y tocamientos llenos de amor y las palabras amables favorecen la intimidad y la sexualidad en el matrimonio. Centren su atención en la dimensión moral de todo ello, es decir, en las intenciones y opciones.
- Consulten el apartado "Prácticas sexuales dentro del matrimonio" en el libro de trabajo, pág. 135, y señalen aquellas que pueden dañar un matrimonio (adicción, abuso, pornografía, etc.). Subrayen la importancia de recibir ayuda profesional desde ahora si hay dudas serias.

Experiencia personal (5 minutos)

Usando un ejemplo tomado de la vida de un líder, ilustren una o dos ideas clave para ayudar a las parejas a entender y responder al contenido del capítulo.

- Al contar su experiencia céntrense en el sentido general de la santidad de su relación sexual con su cónyuge. Si han estudiado la "Teología del cuerpo", pueden hablar del efecto que esta ha tenido en su relación matrimonial.
- Escojan la actividad que van a tener en la clase y utilicen en ella ejemplos de su propia vida matrimonial.

Actividades (10 minutos)

Hagan la introducción a la actividad "Conócete a ti mismo". Pidan a las parejas que reflexionen por separado y que escriban sus respuestas antes de compartirlas con su prometido. Anímenlas a esforzarse de verdad, evitando anotar solamente respuestas superficiales o generales. Las parejas deben hacer por su cuenta las actividades que queden antes de la siguiente clase o al menos antes de la boda, de forma que entren a su vida sexual con las mejores bases posibles.

"Conócete a ti mismo", *libro de trabajo, pág. 132.*

"Sentimientos sexuales", *pág. 134*:

Esta actividad requiere conversaciones en privado muy honestas. Animen a las parejas a mostrarse abiertas y vulnerables en este campo.

"Plenitud sexual", *pág. 137*

Animen a las parejas a ser honestas y abiertas mientras comparten sus respuestas. Recuérdenles que las preferencias y las necesidades van a desarrollarse y a cambiar con el tiempo, por tanto son necesarias la flexibilidad y la comunicación constante.

Preguntas de reflexión (20 minutos)

Libro de trabajo, pág. 138:

Después de que cada uno de los participantes reflexione y escriba sus respuestas, las parejas las discutirán en privado. Anímenlos a hacer algo más que leer lo que escribieron, se deben ayudar entre sí a entender sus convicciones y sentimientos. Responder las preguntas en orden o responderlas todas no es tan importante como iniciar un verdadero diálogo en el que se seguirá profundizando a lo largo del tiempo.

Planeación Natural de la Familia *(25 – 50 minutos)*

Bienvenida y acogida

Saluden a las parejas conforme vayan llegando o regresando. Asegúrense de que tienen los materiales necesarios y ofrézcanles las plumas y el papel que les hagan falta. *Será necesaria una Biblia para algunas de las actividades de este capítulo. Comiencen con puntualidad.*

Ideas clave (2 minutos)

Digan: "Ahora vamos a explicar la Planeación Natural de la Familia. Este capítulo nos enseña sobre...":

1. *Ver la fertilidad y la paternidad desde la óptica de una pareja cristiana* (la actividad que se encuentra en la pág. 143 del libro de trabajo, presenta a algunos padres de familia que aparecen en la Biblia).
2. *Anatomía y ciclo menstrua* (ver las págs. 144-148 del libro de trabajo).
3. *Métodos y ventajas de la Planeación Natural de la Familia (PNF).* El cuadro que aparece en las págs. 152-153 del libro de trabajo también está disponible en ***Liguori.org/marriage***).

Hagan la transición al video utilizando una pregunta. Pidan a los participantes que den sus respuestas y comenten sus impresiones una vez que termine el segmento.

> ***¿Qué experiencia has tenido de la Planeación Natural de la Familia?***

Video (5 minutos)

Vean el segmento "Planeación Natural de la Familia"

– Consejo –

Antes de la clase, pide a tu parroquia o diócesis información sobre los lugares a los que se puede acudir en tu zona para recibir información sobre la PNF. Algunas diócesis pueden enviar a conferencistas especiales para que hablen de este tema. Si es su caso, hagan los cambios necesarios en la estructura de la clase para que se dedique un tiempo a testimonios personales de parejas que practican o practicaron la PNF.

Repaso (3 u 8 minutos)

- Recuerden a las parejas que Dios está presente en sus vidas y tiene un plan para su matrimonio y familia, el cual puede ajustarse o no a sus expectativas. Al caminar juntos en la fe, pueden llegar a aceptar la voluntad de Dios y dar los pasos necesarios para colaborar con él.
- Una comprensión mutua de la fertilidad de cada uno incrementará la satisfacción sexual y la confianza en general en la planeación familiar.
- Presenten a las parejas las diversas opciones de PNF que están disponibles en su ciudad, quizás a través de folletos.

Experiencia personal (5 minutos)

Usando un ejemplo tomado de la vida de un líder, ilustren una o dos ideas clave para ayudar a las parejas a entender y responder al contenido del capítulo.

- Una breve anécdota de su propia experiencia con la PNF antes del matrimonio y lo que aprendieron después puede animar a las parejas a hacer una cita antes de la boda con quienes enseñan la PNF.
- Si han pasado por la infertilidad, la adopción o los abortos espontáneos, podrían compartir sus sentimientos, los frutos que recogieron y los efectos que estas cosas tuvieron en su matrimonio y en sus hijos.

Actividades (10-15 minutos)

Escojan una o más actividades según lo permita el tiempo. Pidan a las parejas que reflexionen por separado y que escriban sus respuestas antes de compartirlas con su prometido. Anímenlas a esforzarse de verdad en cada actividad y que no anoten simplemente una respuesta rápida. Las parejas deben hacer por su cuenta las actividades que queden antes de la boda, de forma que puedan responder a las preguntas de seguimiento y se logre una mayor asimilación.

"Sagrada Escritura", *libro de trabajo, pág. 143, primer punto principal.*

"Conocerse", *pág. 149.*

"El estilo de vida de la PNF", *pág. 154.*

"Aprender la PNF", *pág. 155:* Repasen los tres pasos y entreguen a los participantes información sobre la PNF en su zona.

Preguntas de reflexión (alrededor de 15 minutos, dependiendo)

Libro de trabajo pág. 156:

Después de que cada uno de los participantes reflexione y escriba sus respuestas, la pareja las discutirá en privado. Anímenlos a hacer algo más que leer lo que escribieron. Se deben ayudar entre sí a entender sus convicciones y sentimientos. Responder las preguntas en orden o responderlas todas no es tan importante como iniciar un verdadero diálogo en el que se seguirá profundizando más adelante.

Los hijos y su educación *(50 minutos)*

Bienvenida y acogida

Saluden a las parejas conforme vayan llegando o regresando. Asegúrense de que tienen los materiales necesarios y ofrézcanles las plumas y el papel que les hagan falta. Comiencen con puntualidad.

Ideas clave (2 minutos)

Digan: "Ahora vamos a hablar de los hijos y de su educación. Este capítulo nos enseña que…":

1. *Los hijos, un don para sus padres y para la sociedad (ver el libro de trabajo en la pág. 161).*
2. La forma de educar a los hijos puede variar de acuerdo con el género o la personalidad. Esfuércense por llegar a una combinación que sea eficaz y atractiva para toda la familia.
3. *La familia permanece unida cuando trabaja, descansa y reza unida (pueden encontrarse consejos e ideas en las págs. 170-172 del libro de trabajo).*

Hagan la transición al video utilizando una pregunta. Pidan a los participantes que den sus respuestas y comenten sus impresiones una vez que termine el segmento.

¿Cómo reaccionas cuando ves a niños pequeños en la iglesia o haciendo oración?

Video (6 minutos)

Vean el segmento "Los hijos y su educación".

Repaso (10 minutos)

- Los niños son personas únicas con una dignidad que Dios les ha concedido y con necesidades particulares.
- Si bien nuestra fe nos pide tener ciertos comportamientos y evitar otros, somos libres para adaptar nuestro estilo de vida y las reglas de casa que se derivan de dicho estilo de vida para favorecer el desarrollo de nuestra persona y de quienes dependen de nosotros.
- El Concilio Vaticano II reconoció la importancia de mantener y educar a los hijos: "En esta especie de Iglesia doméstica [la familia] los padres deben ser para sus hijos los primeros predicadores de la fe, mediante la palabra y el ejemplo, y deben fomentar la vocación propia de cada uno…" *(Lumen gentium 11).*
- El Papa Francisco también ha hablado con entusiasmo de la familia, como el "lugar privilegiado para transmitir la fe" (Ángelus del 26 de julio de 2013). En la familia es donde aprendemos a amar primero, a perdonar y a entablar relaciones. Su homilía en el Día de la Familia, el 27 de octubre de 2013, y otros textos pueden encontrarse en www.vatican.va.

Experiencia personal (5 minutos)

Usando un ejemplo tomado de la vida de un líder, ilustren una o dos ideas clave para ayudar a las parejas a entender y responder al contenido del capítulo.

- Describan con ejemplos concretos cómo se manifiestan en la educación de sus hijos las semejanzas y las diferencias en las formas en que ustedes mismos fueron educados.
- Escojan una experiencia por la que hayan pasado que sea semejante a las de "¿Tú qué harías? que se encuentran en el libro de trabajo, págs. 168-169.
- ¿Qué pasajes de la Escritura les han ayudado como padres de familia y les han hecho confiar en el futuro de sus hijos?

Actividades (10 minutos)

Hagan la introducción a la actividad "¿Tú qué harías?" y discutan en grupo algunas posibles soluciones. Informen a las parejas que deben realizar todas las actividades antes de la boda, para que puedan tener una preparación completa.

"Fotos de bebés", *libro de trabajo, pág. 162.*

"Sagrada Escritura", *pág. 165.*

"¿Tú qué harías?", *págs. 168-169,*

Punto 2: Las respuestas van a variar y las parejas deben poder explicar cómo llegaron a ellas. Tener una tormenta de ideas juntos puede ayudar a encontrar mejores soluciones. Estas ideas pueden servirles de orientación.

1. ***Si yo fuera el papá de Bernardo, entonces...*** Uno puede proponerle a Bernardo una opción rápida y sana, o distraerlo con otra actividad. También se le puede pedir que prepare el lugar en el que va a comer o ayudar de alguna forma a preparar la comida.
2. ***Si yo fuera el papá de Pablo, entonces...*** Si se le recordó más temprano y/o no organizó bien su tiempo, entonces es más culpable; no ir a la fiesta sería simplemente una consecuencia natural de las decisiones que tomó (más que un castigo externo). Algunos pueden ofrecer ayudarle con el trabajo escolar o a barrer el jardín, si se ve que se trata de una excepción.
3. ***Si yo fuera el papá de Verónica, entonces...*** Si bien ella es legalmente una adulta, en realidad, todavía no vive de forma independiente. Los papás tienen derecho a establecer normas razonables y límites para la vida en casa y pueden indagar razonablemente sobre la vida de sus hijos e incluso dar su consejo para ayudarlos a evitar el pecado.
4. ***Si yo fuera su papá, entonces...*** Fijar prioridades para toda una familia puede ser complicado. Para los católicos, asistir a Misa los domingos es obligatorio, un mandamiento de la Iglesia (CIC 2042). Esto incluye a los hijos que ya están en uso de razón y han hecho la Primera Comunión. Se podría faltar al recital por razones legítimas, como una enfermedad. Por tanto, podría ir solo uno de los esposos mientras el otro va a Misa el sábado por la tarde, dejando que el papá y las niñas vayan a Misa el domingo por la mañana.

Tabla para la vida familiar *pág 173:* Si el tiempo lo permite, las parejas o los líderes pueden compartir con todo el grupo algunas de sus respuestas.

Preguntas de reflexión (17 minutos)

Libro de trabajo pág. 174:

Después de escribir sus respuestas, las parejas las discutirán en privado, ayudándose entre sí a entender sus convicciones y sentimientos, y comenzando algunas conversaciones francas en las que se seguirá profundizando con el tiempo.

Cohabitación *(25 – 50 minutos)*

Bienvenida y acogida

Saluden a las parejas conforme vayan llegando o regresando. Asegúrense de que tienen los materiales necesarios y ofrézcanles las plumas y el papel que les hagan falta. Comiencen con puntualidad.

Ideas clave (2 minutos)

Digan: "Ahora vamos a hablar de la cohabitación. Este capítulo les ayudará a crecer de tres formas":

1. *La verdad sobre el matrimonio, el acto sexual y la Doctrina Católica* (ver las págs. 180-181 del libro de trabajo).
2. *Los falsos mitos sobre la cohabitación y la compatibilidad* (se discuten tres mitos en las págs. 183-187.)
3. *El matrimonio y la castidad* (ver las págs. 188-190 del libro de trabajo).

Hagan la transición al video utilizando una pregunta. Pidan a los participantes que den sus respuestas y comenten sus impresiones una vez que termine el segmento.

¿Cuál es la diferencia entre vivir juntos y estar casados?

¿Qué significan tus votos matrimoniales para ti, para tu prometido o prometida y para Dios?

Video (6 minutos)

Vean el segmento "Cohabitación".

Repaso (7 minutos)

- Para rebatir los prejuicios y objeciones a la enseñanza de la Iglesia, tengan siempre presente la naturaleza sacramental del matrimonio. Repasen los auténticos significados del amor matrimonial y de la fidelidad y expliquen la imposibilidad de "hacer una prueba" de lo que será un compromiso de por vida.
- Expliquen qué es lo que hace atractivo al matrimonio sacramental, sobre todo a aquellos que no se quieren comprometer completamente con otra persona. Los programas de preparación matrimonial dan a las parejas el tiempo y la orientación para conocer la verdadera naturaleza de su amor matrimonial.

Experiencia personal (alrededor de 5 minutos)

Pueden compartir por qué escogieron (o no) cohabitar antes del matrimonio o dar ejemplos basados en su experiencia de los retos y riesgos que conlleva la cohabitación para las relaciones.

– Consejo –

Estar disponible tú mismo o los recursos de otra parroquia fuera de las clases puede ser de particular ayuda para aquellas parejas que se encuentren en circunstancias particulares o muy sensibles.

Actividad (10-15 minutos)

Introduzcan la actividad "Verdadero amor" y den tiempo suficiente para la reflexión personal, antes de hacer que las parejas hablen entre sí o con el grupo. Si el tiempo lo permite, hagan la introducción a "Nosotros coincidimos". Hagan hincapié en la importancia de realizar todas las actividades antes de la boda, de forma que su matrimonio comience a construirse sobre una sólida base.

"El verdadero amor", *libro de trabajo, pág. 182:* A continuación se presentan algunas respuestas sugeridas.

Pagarle al otro la comida o hacerle regalos...

Es amor real cuando expresa generosidad.

Es falso cuando se convierte en moneda de cambio o en una excusa para dominar al otro.

Compartir los deberes de cuidar a los niños o a las mascotas...

Es amor real cuando apoya la necesidad del amado de ser independiente.

Es falso cuando reemplaza las obligaciones del dueño de la mascota o del papá, o interfiere en la relación del hijo con su papá o mamá.

Quedarse despierto hasta muy tarde o durante toda la noche...

Es amor real cuando expresa un deseo mutuo o apoyo emocional, por ejemplo, en un momento de dificultad.

Es falso cuando hace a las personas posesivas o codependientes, o interfiere con las responsabilidades de uno.

Pasar tiempo con un adulto del sexo opuesto...

Es amor real cuando fomenta relaciones sanas.

Es falso cuando se convierte en una ocasión de pecado, sobre todo en el campo de la lujuria.

Participar en la actividad sexual con menos interés y deseo...

Es amor real cuando manifiesta confianza y sumisión entre los esposos (¡ y puede conducir incluso a la excitación sexual!).

Es falso cuando es un signo de coerción o abuso.

"Nosotros coincidimos", *pág 182:*

Cada persona necesita llegar a sus respuestas y puntajes en privado. Anímenlos a ser honestos a la hora de calificar los diversos enunciados y a la hora de compartir sus puntajes una vez que hayan reflexionado con calma en las implicaciones de sus respuestas.

"Su historia de salvación", *pág 190:*

Esta actividad se hace mejor por separado, cuando cada uno de los participantes puede preparar con calma su respuesta.

Preguntas de reflexión (alrededor de 15 minutos)

Libro de trabajo, pág. 192:

Después de que cada uno de los participantes reflexione y escriba sus respuestas, la pareja las discutirá en privado. Anímenlos a hacer algo más que leer lo que escribieron. Se deben ayudar entre sí a entender sus convicciones y sentimientos. Responder las preguntas en orden o responderlas todas no es tan importante como iniciar un verdadero diálogo en el que se seguirá profundizando a lo largo del tiempo.

– Consejo –

El sitio de internet de la USCCB "For Your Marriage" (foryourmarriage.org) ofrece estudios actualizados sobre los efectos de la cohabitación.

Anulación y convalidación *(20 – 25 minutos)*

Bienvenida y acogida

Saluden a las parejas conforme vayan llegando o regresando. Asegúrense de que tienen los materiales necesarios y ofrézcanles las plumas y el papel que les hagan falta. Comiencen con puntualidad.

Ideas clave (2 minutos)

Digan: "Ahora vamos a hablar del proceso de anulación y de convalidación. Este capítulo nos enseña que…":

1. *El matrimonio cristiano está llamado a ser para siempre.* Puede encontrarse una breve historia sobre este tema en las págs. 198-199 del libro de trabajo.
2. *La esencia del proceso de anulación es idéntico en todas partes.* Los pasos básicos para el mismo están enumerados en las págs. 198-199 del libro de trabajo.
3. *Los matrimonios civiles son reconocidos por la Iglesia a través de la convalidación.* Ve cómo funciona esta en la pág. 204 del libro de trabajo.

Hagan la transición al video utilizando una pregunta. Pidan a los participantes que den sus respuestas y comenten sus impresiones una vez que termine el segmento.

Además de la Iglesia, ¿quién frecuentemente se ve afectado por su matrimonio?

Video (5 minutos)

Vean el segmento "Anulación y convalidación"

Repaso (3 minutos)

- Todas las parejas que se quieren casar por la Iglesia deben presentarse a sí mismas al párroco, quien determinará cuáles son los requisitos que deben cumplir para poder casarse, incluyendo la anulación.
- Este capítulo hace hincapié en la importancia de tener una ceremonia que sea válida desde el punto de vista sacramental y en la importancia de las enseñanzas sobre el matrimonio de las que se habla en los capítulos sobre la teología y el rito de este.

– Consejo –

Este tema y las actividades de este capítulo pueden ser difíciles para los que no tienen mucha experiencia sobre anulaciones. Si las parejas tienen inquietudes o preguntas que van más allá de su formación, pidan ayuda a un sacerdote o a un diácono.

– Consejo –

En el segmento sobre este tema, habrá una cortina a mitad del mismo para avisar de la transición entre el tema de la anulación y la convalidación.

Experiencia personal (opcional)

Ofrezcan solo historias de su propia experiencia con el divorcio o la anulación.

Actividades (5 minutos)

Hagan la introducción a la actividad "Desvelar la verdad" y pidan a las parejas que propongan respuestas a las preguntas antes de dar las respuestas correctas. Pidan a las parejas que hagan la actividad "Si yo supiera, entonces..." antes de la boda.

"Desvelar la verdad", *libro de trabajo, pág. 197:*

1. **Falso.** Los católicos que se vuelven a casar sin haber recibido la anulación, cometen el pecado de adulterio y no deben recibir la Eucaristía. Sin embargo, deben permanecer activos en su parroquia y buscar consejo, reconciliación y la anulación de su primer matrimonio cuando sea posible.
2. **Falso (con reservas)".** El matrimonio conforme a la ley común carece de intercambio expreso de consentimiento, el cual es forma constitutiva del sacramento. En efecto, el matrimonio se ratifica por la expresión mutua del consentimiento y se vuelve indisoluble por la consumación. Además, los ministros del sacramento del Matrimonio son el hombre y la mujer cristianos. Si son no-bautizados —y por lo tanto incapaces de ser ministros del sacramento— entonces dicho matrimonio se considera vínculo válido pero no sacramental. Si son bautizados y no-católicos, entonces no quedan unidos por la forma católica de matrimonio, por lo que el matrimonio civil entre los contrayentes será tomado por válido y sacramental. Si uno de los contrayentes es católico, entonces es necesaria la forma católica de la celebración del sacramento para considerarse válido.
3. **Falso.** Como los matrimonios naturales son válidos (ver arriba), incluso los esposos no católicos necesitan recibir la anulación antes de "volverse a casar" por la Iglesia Católica. Esto puede ser causa de perplejidad para algunos, pero habla claramente de la verdad y del valor del matrimonio.
4. **Falso (bueno, depende).**
Se habla brevemente de esto en el libro de trabajo al inicio del apartado sobre la anulación, pág. 199.

"Si lo hubiera sabido antes", *pág 205:*

Por difícil que pueda ser, pidan a las parejas seriamente que hagan esta actividad. Hagan hincapié en la importancia de que, en privado, compartan entre sí sus respuestas completas; las discusiones que seguirán a esto son algo necesario.

Preguntas de reflexión (5 o 10 minutos)

Libro de trabajo, pág 206:

Después de que cada uno de los participantes reflexione y escriba sus respuestas, la pareja las discutirá en privado. Anímenlos a hacer algo más que leer lo que escribieron. Se deben ayudar entre sí a entender sus convicciones y sentimientos. Responder las preguntas en orden o responderlas todas no es tan importante como iniciar un verdadero diálogo en el que se seguirá profundizando a lo largo del tiempo.

Matrimonios intereclesiales y matrimonios interreligiosos *(25 – 40 minutos)*

Bienvenida y acogida

Saluden a las parejas conforme vayan llegando o regresando. Asegúrense de que tienen los materiales necesarios y ofrézcanles las plumas y el papel que les hagan falta. Comiencen con puntualidad.

Ideas clave (2 minutos)

Digan: "Ahora vamos a hablar de los matrimonios en que uno de los esposos no es católico. Este capítulo nos enseña que…":

1. *La Iglesia Católica valora los matrimonios mixtos*. De hecho, el 40% de los católicos se casa con no católicos.
2. *Existen objetivos comunes relacionados con la boda y los hijos*. El libro de trabajo aborda esos retos en las págs. 2 .
3. *Dejen que sus respectivas comunidades los guíen y apoyen*.

Hagan la transición al video utilizando una pregunta. Pidan a los participantes que den sus respuestas y comenten sus impresiones una vez que termine el segmento.

¿Has participado en un evento religioso de otra iglesia o religión?

¿A cuántas parejas formadas por miembros de distintas iglesias o religiones conoces?

Video (5 minutos)

Vean el segmento "Matrimonios intereclesiales y matrimonios interreligiosos".

Repaso (3 u 8 minutos)

- Ayuden a las parejas de distintas religiones a identificar el tipo de matrimonio para el que se están preparando. Asegúrense de que saben si su matrimonio va a ser sacramental y de que necesitan una dispensa para que su matrimonio pueda ser válido.
- Permitan a las parejas presentarse a sí mismas y a su filiación religiosa al grupo. Los no católicos pueden ofrecer ideas interesantes, tanto para ustedes como para todo el grupo, sobre lo que es su propia comunidad de fe y cómo ven el matrimonio.
- Repartan información básica sobre la parroquia y otros recursos disponibles en la comunidad que ponga a las parejas en contacto con su comunidad católica y puedan comenzar a construir su red de relaciones en la fe.

Experiencia personal (5 minutos, opcional)

Hablen de algunas de sus experiencias sobre cómo su relación se ha fortalecido al tratar de resolver conflictos relacionados con sus diferencias en la fe. El tema se puede ampliar y hablar de las diferencias de fe en sus familias de origen.

Actividades (10 minutos)

Hagan la introducción a la actividad "Define tu fe" y pidan a cada uno de los participantes que anote sus respuestas antes de compartirlas con los demás. Después, ofrézcanles a las parejas las definiciones católicas que aparecen abajo. Pidan a las parejas que realicen las actividades restantes antes de la boda de forma que puedan completar su preparación.

"Definir su fe", *libro de trabajo, pág. 211:* Comparen y discutan en grupo los términos que aparecen en la barra lateral. Nunca tomen a uno de los participantes por un experto ni dejen definiciones técnicas o religiosas abiertas a interpretación.

- **Alianza:** Compromiso sagrado que no puede romperse (por ejemplo, entre Dios y la humanidad y los esposos).
- **Fe:** Creencia, confianza en y "aceptación de la palabra de otro" como la fe divina en Dios.
- **Gracia:** Don sobrenatural que le permite a uno ver a Dios y prepararse para el cielo. Una gracia actual es una "ayuda divina". La gracia santificante es "infundida por Dios… una participación en la vida divina".
- **Justicia:** Virtud por la que la gente "da a cada quien lo que le corresponde". Dirige las acciones correctas y las relaciones correctas.
- **Ley:** "Ordenamiento de la razón orientado a preservar el bien común". Los católicos distinguen entre ley natural, ley civil, ley divina ("Esta ley eterna abarca tanto las leyes físicas como las morales") y la ley canónica.
- **Sacramento:** Signo tangible "instituido por Cristo, por el que la gracia invisible y la santificación" se realizan. Los católicos creen en siete sacramentos: Bautismo, Confirmación, Eucaristía, Reconciliación, Unción de los enfermos, Sagradas órdenes y Matrimonio.

Las citas han sido tomadas del* **Modern Catholic Dictionary, *P. John Hardon, SJ. © 2000, Eternal Life. [traducción nuestra].*

"Sagrada Escritura", *pág 215.*

"Perspectivas sobre el matrimonio y la familia", *pág 220.*

Preguntas de reflexión (alrededor de 10–15 minutos)

Ver libro de trabajo pág. 221:

Después de que cada uno de los participantes reflexione y escriba sus respuestas, la pareja las discutirá en privado. Anímenlos a hacer algo más que leer lo que escribieron. Se deben ayudar entre sí a entender sus convicciones y sentimientos. Responder las preguntas en orden o responderlas todas no es tan importante como iniciar un verdadero diálogo en el que se seguirá profundizando a lo largo del tiempo.

Matrimonio militar *(25 – 40 minutos)*

Bienvenida y acogida

Saluden a las parejas conforme vayan llegando o regresando. Asegúrense de que tienen los materiales necesarios y ofrézcanles las plumas y el papel que les hagan falta. Comiencen con puntualidad.

Ideas clave (2 minutos)

Digan: "Ahora vamos a hablar del matrimonio cuando en este uno de los cónyuges está en el servicio militar activo. Este capítulo nos enseña sobre..."

1. *Vivir la vida militar como pareja.*
2. *Retos comunes que acompañan a la separación, cambios de destino / misión y lesiones* (*el libro de trabajo ofrece consejos y sugerencias en las págs. 229-234*).
3. *Algunos de los muchos recursos y apoyos disponibles.*

Hagan la transición al video utilizando una pregunta. Pidan a los participantes que den sus respuestas y comenten sus impresiones una vez que termine el segmento.

Cuando piensas en el ejército, ¿quién o qué viene a tu mente?

Video (5 minutos)

Vean el segmento "El matrimonio militar".

Repaso (8 minutos)

- Los novios o novias que conocieron a su prometido mientras este hacía su carrera militar, tienen experiencias, expectativas y temores que pueden ser distintos a los del otro. Recuérdenles que tanto la perspectiva de él como la de ella son importantes y que necesitan llegar a una mutua comprensión y confianza.
- Repitan esta idea clave: Dios es quien comenzó esta gran aventura para ustedes dos y él es quien los va a unir y mantener juntos. Den tiempo para permitir que la verdad de esta afirmación penetre en el espíritu de las parejas.
- Motiven a las parejas presentando a personajes de la Biblia que pusieron en riesgo su vida y/o viajaron lejos con tal de ser fieles a su deber: Abraham, José, Moisés, Daniel, Juan el Bautista, Esteban. Hay innumerables santos, mártires y santos protectores del ejército que pueden ayudar a este fin. Esto puede ser una transición natural a la actividad "Sagrada Escritura".

Experiencia personal (opcional)

Aquellos líderes que tengan experiencia militar, tendrán anécdotas personales de las que podrán echar mano. Aquellos sin esa experiencia probablemente necesitarán dar la palabra a las parejas participantes involucradas en el ejército y que desean compartir sus retos y resoluciones.

Actividad (10 minutos)

Escojan una o más actividades según lo permita el tiempo. Pidan a las parejas que reflexionen individualmente y que escriban sus respuestas antes de compartirlas con su prometido. También invítenlas a trabajar con seriedad en la actividad, evitando escribir simplemente una respuesta rápida. Las parejas deben completar por su cuenta las actividades restantes antes de su boda, de forma que puedan responder a las preguntas de seguimiento y logren una mayor asimilación.

"Cadena de mando", *libro de trabajo, pág. 228: Si las parejas van a compartir sus respuestas con el grupo, tengan presente la dificultad real de armonizar diversas autoridades que pueden o no competir entre sí. Pidan a todos que sean considerados ante las diversas inclinaciones religiosas o políticas.*

"La vida en el ejército", *pág 233,* ver punto principal 1.

"Sagrada Escritura", *pág 237.*

Preguntas de reflexión (alrededor de 15 minutos)

Libro de trabajo, pág. 238:

Después de que cada uno reflexione en sus respuestas y las escriba, la pareja hablará de ellas en privado. Anímenlos a hacer algo más que leer lo que escribieron. Se deben ayudar entre sí a entender sus convicciones y sentimientos. Responder las preguntas en orden o responderlas todas no es tan importante como iniciar un verdadero diálogo en el que se seguirá profundizando más adelante.

– Consejo –

Si bien quienes están en el ejército tienen retos particulares en el matrimonio y en la vida familiar, algunas familias tienen retos semejantes, por ejemplo, cuando uno de los esposos viaja frecuentemente o por el trabajo de uno de ellos la pareja se tiene que mudar de estado o de país, o la vida familiar se ve alterada por una crisis. En esos casos, estas familias tienen oportunidad de llevar su fe a un nuevo ambiente. Cuando otros ven el valor que una pareja le da a su matrimonio y a su familia, el amor incondicional de Dios se hace visible y se convierte en una realidad viva en el mundo.

Servicio conclusivo de oración

(25 minutos / 30 minutos)

Este servicio de oración que los líderes del programa son una pareja casada. Si no, un solo líder puede simplemente dirigir las reflexiones en un ambiente de oración.

Bienvenida y acogida

Saluden a las parejas conforme vayan llegando o regresando. Asegúrense de que tienen los materiales necesarios y ofrézcanles las plumas y el papel que les hagan falta. Comiencen con puntualidad.

Hagan la transición al video utilizando una pregunta. Expliquen a las parejas que sus respuestas vendrán más tarde en su vida diaria, tanto en sus acciones como en sus palabras, tanto ahora como después de la boda.

¿Cómo describirías el amor en tú y tu prometido o prometida?

¿Cuál es la mejor forma en que puedes expresar ese amor?

Video (3 minutos)

Vean el segmento de la conclusión y los créditos

– Consejo –

La mayoría de las parejas deben presentar un comprobante de que hicieron un curso de preparación matrimonial. Su parroquia o diócesis también puede proporcionar su propia documentación. Tengan preparados todos esos documentos para entregarlos a las parejas antes de que termine la última clase.

***Tu matrimonio* ofrece un certificado que puede descargarse de *Liguori.org/marriage*, el cual ayuda a darle un carácter más formal al trabajo realizado en el programa. Se puede hacer una sencilla ceremonia para entregar los certificados al final de la última clase, incluso si se trata de un grupo grande. También puede ser conveniente tener este acto dentro de la Misa. Si se hace esto último, los certificados se entregarían después de la Comunión.**

Lectura de la Escritura (2 minutos)

Líder 1: El amor de Dios nos rodea como una luz cálida y amable. Vemos la luz de Dios, cuando nos vemos el uno al otro. Nuestro Dios, que nos ama sin juzgarnos, nos pide que nos amemos con paciencia y consideración, estando siempre dispuestos a perdonar y a buscar el perdón. Que la luz de Cristo se irradie a través de nuestras vidas y de nuestros matrimonios.

Líder 2: Lectura de la primera carta de san Pablo a los corintios (13:4–8):

Hermanos:
La caridad es paciente, es amable;
la caridad no es envidiosa, no es jactanciosa;
no se engríe; es decorosa;
no busca su interés; no se irrita;
no toma en cuenta el mal; no se alegra de la injusticia;
se alegra con la verdad.
Todo lo excusa. Todo lo cree.
Todo lo espera. Todo lo soporta.
La caridad no se acaba nunca.

Reflexión sobre los votos matrimoniales (3 minutos)

Líder 1: El día que dicen "sí, quiero", es probable que estén –comprensiblemente– distraídos o impresionados. Escuchen ahora lo que se les va a pedir que prometan, de forma que puedan interiorizar mejor las palabras.

Líder 2: En su boda, quien preside les va a hacer estas tres preguntas:

1. *¿han venido aquí a contraer Matrimonio por su libre y plena voluntad y sin que nada ni nadie los presione?*
2. *¿Están dispuestos a ser fieles en el Matrimonio, durante toda la vida?*
3. *¿Están dispuestos a recibir de Dios responsable y amorosamente los hijos, y a educarlos según la ley de Cristo y de su Iglesia?*

Líder 1: Después de que respondan afirmativamente a cada pregunta, se van a volver el uno al otro, se van a tomar de las manos y van a declarar su consentimiento (los líderes se vuelven el uno al otro, se toman de las manos y se alternan en la lectura, hablando lentamente y poniendo sus nombres en los espacios en blanco).

Yo, ________,te acepto a ti, _______ como mi esposa/esposo,
y prometo serte fiel en las alegrías y en las penas
en la salud y en la enfermedad.
y amarte y respetarte todos los días de mi vida.

Líder 2: Van a escuchar entonces estas palabras:

El Señor
confirme con su bondad
este consentimiento
que han manifestado ante la Iglesia
y cumpla en ustedes su bendición.
Y lo que Dios acaba de unir, que nunca lo separe el hombre

Todos: Amén.

Líder 1: Oremos juntos usando las palabras que Jesús nos enseñó

Padre nuestro que estás en el cielo,
santificado sea tu Nombre;
venga a nosotros tu Reino;
hágase tu voluntad
en la tierra como en el cielo.
Danos hoy
nuestro pan de cada día;
perdona nuestras ofensas,
como también nosotros perdonamos
a los que nos ofenden;
no nos dejes caer en la tentación,
y líbranos del mal. Amén

Saludo de la paz (2 minutos)

Líder 2: Vuélvete a tu amado y toma su mano. Mientras se dan el saludo de la paz, hablen de lo que han aprendido o ganado durante la preparación matrimonial así como sus sueños y esperanzas para la vida que les espera.

(Las parejas recibirán y ofrecerán al otro una muestra de afecto. Esperen a que las emociones se calmen y después continúen).

Presentación de certificados (5 o 10 minutos)

Expliquen que el certificado es un signo del interés de la Iglesia por el bienestar de las familias y recuerda a las parejas que nunca estarán solas en su camino. Junto con el certificado y/o carta, cada pareja recibirá pluma y papel para escribir una carta de amor a su prometido. Las cartas deben hacerse en privado y se entregarán el día de la boda o en otra ocasión especial. La carta es tanto un regalo para su matrimonio como un signo y un fruto temprano de su amor y fidelidad.

Digan en voz alta los nombres de cada pareja que terminó el programa conforme se acercan a recibir su certificado y/o carta. Entreguen a cada pareja su certificado y/o carta, el formulario para la evaluación y los materiales para la carta de amor. Cuando todos hayan vuelto a sus lugares, puede hacerse la despedida; pero pídanles que, antes de marcharse, rellenen el formulario para evaluar el programa.

Despedida (10 minutos)

Líder 2: Ahora vayan en paz a amar y servir a Dios, y a servirse y amarse el uno al otro.

All: **Aleluya, aleluya.**

Mantener un programa efectivo

Construir la comunidad

Es muy útil para el programa de preparación matrimonial hacer una adecuada evaluación, tanto de los participantes como de los facilitadores. Además, tanto el contenido del programa como las presentaciones necesitan ser evaluadas. Las parroquias y las diócesis pueden tener formularios adaptados a sus propias necesidades. *Tu matrimonio* cuenta con un formulario en esta *Guía del instructor* y en línea, en *Liguori.org/marriage*.

Una vez que se han reunido las respuestas, la efectividad de este programa y material puede revisarse y se pueden ofrecer aclaraciones, información complementaria o capacitación extra para hacer más fuerte todo el ministerio de su parroquia o de la diócesis.

– Consejo –

Tu matrimonio ofrece y cuenta con una lista en línea de recursos adicionales. Se invita a los líderes a usarlos según los fines para los que fueron diseñados. Las parroquias y las diócesis también pueden hacerse presentes y afrontar tendencias particulares de tipo demográfico o cultural que afectan a su región.

Además, para hacer regularmente una evaluación, las parroquias y diócesis pueden mantener la calidad de su programa de preparación matrimonial sirviéndose de estos dos métodos:

1. Dar seguimiento a las parejas que participaron.
2. Colaborar con líderes en toda la diócesis para compartir ideas y conseguir nuevos facilitadores.

La Conferencia de Obispos Católicos de Estados Unidos (USCCB, por sus siglas en inglés) ha hecho hincapié en la necesidad de dar a conocer la Buena Nueva sobre el Evangelio en la sociedad. **Manténgase en contacto con las parejas, quizás antes del día de su boda o cerca de su primer aniversario**. Como muchas parejas no viven en la parroquia en que se casaron, todas las parroquias pueden ampliar la solicitud pastoral del programa de preparación matrimonial invitando a las parejas a una Misa especial que se tenga todos los años. Es una forma sencilla de recibir más retroalimentación y de hacer en grupo un ejercicio sobre el primer aniversario.

Señor de la vida, tú nos has llamado a servir
a las parejas comprometidas que desean casarse
en la Iglesia Católica.

Nos sentimos abrumados por la confianza
que depositas en nosotros y sabemos que seguirás
bendiciéndonos con tu gracia y sabiduría.

Ayúdanos a comprender con mayor profundidad
cuánto necesitan de nuestro acompañamiento. quienes se
preparan para el matrimonio.

Que nuestra presencia esté llena de bondad,
que aquellos a quienes servimos no se sientan juzgados
por nosotros y que seamos comprensivos con ellos.

Fortalece el amor en nuestro propio matrimonio
durante este ministerio a la par que experimentamos
el misterio del matrimonio.

Amén.

Formulario de evaluación para el participante

Háblanos de ti mismo y de cómo te preparaste para el matrimonio.

Soy: hombre ___ mujer ___ Edad: _______

Utilicé Tu matrimonio (marca las opciones que respondan a tu caso):

- ☐ Con mi sacerdote, diácono o con quien presidirá mi boda
- ☐ En privado, con una o varias parejas que nos estaban apoyando.
- ☐ En un grupo o en una clase.
- ☐ Durante un retiro.
- ☐ En mi parroquia.
- ☐ En la parroquia de mi prometido (a).
- ☐ En mi diócesis.
- ☐ En la diócesis de mi prometido (a).
- ☐ En una capellanía militar.

Otro (por favor, descríbelo):

¿Conocías a quien te preparó para el matrimonio antes de que estuvieras comprometido(a)?

____ Sí ____ No

¿Recibiste recursos aparte o adicionales para leer y discutir? ____ Sí ____ No

¿Qué capítulos estudiaste?
(puedes marcar más de uno):

- ☐ Cohabitación
- ☐ Anulación y convalidación
- ☐ Matrimonios intereclesiales e interreligiosos
- ☐ Matrimonio militar
- ☐ No usé ninguno de estos capítulos

Por favor, califica las diversas afirmaciones de acuerdo con la siguiente escala:

1 = muy pobre 2 = malo 3 = bueno 4 = muy bueno

a. El programa de preparación al matrimonio en su conjunto
1 2 3 4

b. La estructura del programa
1 2 3 4

c. La pareja o pareja(s) de ayuda y/o el líder(es)
1 2 3 4

d. Las sesiones y/o el retiro
1 2 3 4
(aquí se incluyen otras cosas como actividades para romper el hielo, testimonios y la comida.)

e. El lugar, la fecha y la hora en que se tuvieron las sesiones o el retiro
1 2 3 4

f. Los diversos capítulos del libro de trabajo
1 2 3 4

g. Los ejercicios de los capítulos
1 2 3 4

h. El video (si hubo)
1 2 3 4

i. Recursos separados o adicionales (si hubo)
1 2 3 4

Coméntanos algo más sobre Tu matrimonio.

¿Qué tema o capítulo te ayudó **más**?

¿Qué tema o capítulo te ayudó **menos**?

¿Te parece que falta algún tema en el programa?

____ Sí ____ No

Sí así te parece, por favor, explícalo:

Por favor, responde a las afirmaciones que aparecen abajo usando la siguiente escala:

1 = nada o muy poco 2 = un poco
3 = más 4 = mucho más

Después de usar *Tu matrimonio*…

a. mi comprensión del matrimonio y de los votos que se hacen en la boda es: 1 2 3 4

b. mi comprensión del rito del matrimonio y de la ceremonia de bodas es: 1 2 3 4

c. mi disponibilidad y prontitud para comprometerme por toda la vida en un matrimonio es: 1 2 3 4

d. mi disponibilidad para seguir creciendo en la fe con mi esposo o esposa es: 1 2 3 4

e. e. mi disponibilidad para recomendar Tu matrimonio a otras parejas es: 1 2 3 4

Por favor, responde a las afirmaciones que aparecen abajo usando la siguiente escala:

1 = mucho menos 2 = menos
3 = más 4 = mucho más

Me gustaría que hubiera ____ oración en *Tu matrimonio.*

Me gustaría que hubiera ____ Escritura en *Tu matrimonio*

Me gustaría que hubiera ____ "Teología del cuerpo" en *Tu matrimonio*

Me gustaría que hubiera ____ material en línea/para descargar de *Tu matrimonio.*

Me gustaría que los costos por participar en *Tu matrimonio* fueran ____.

Por favor, califica el video *Tu matrimonio: construir la Iglesia doméstica* usando la siguiente escala

Interesante	4	3	2	1	Aburrido
Edificante	4	3	2	1	Ofensivo
Optimista/original	4	3	2	1	Soso o anticuado

Compártenos tus pensamientos ahora que has terminado tu preparación matrimonial.

Que Tu matrimonio haya recibido el Imprimátur fue importante para mí. ___ Verdad ___ Falso

Que Tu matrimonio haya sido aprobado por mi parroquia/diócesis fue importante para mí.
___ Verdad ___ Falso

Que Tu matrimonio tuviera un video complementario fue importante para mí. ___ Verdad ___ Falso

Se me dio el tiempo suficiente para responder a las preguntas y a los ejercicios del libro.
___ Verdad ___ Falso

Voy a completar mi preparación para el matrimonio leyendo y discutiendo con mi prometido(a) aquellas partes del material que no pudimos ver en clase. ___ Verdad ___ Falso

Me siento preparado(a) para conferir y recibir el Sacramento del matrimonio.
___ Verdad ___ Falso

¿Te gustaría compartir algo con la pareja que les ayudó, con quien presidirá su boda o con la parroquia?

Por favor, entrega una copia de esta evaluación al facilitador o a quien presidirá tu boda. Debes recibir antes de tu boda un certificado o una carta avalando que hiciste el programa.

Libros Liguori recibe agradece tus comentarios y observaciones así como copias de esta evaluación. Puedes enviarlos por correo electrónico a **Liguori@liguori.org**. ¡Qué Dios te bendiga en tu matrimonio!

Formulario de evaluación para el líder

Háblanos de ti mismo y del programa de preparación matrimonial.

1. Soy: hombre ____ mujer ____ Edad ____
2. Utilicé *Tu matrimonio* (marca las opciones según tu caso):
   - ☐ Como sacerdote, diácono o como el que va a presidir una boda
   - ☐ Como miembro de una pareja de apoyo.
   - ☐ Como líder de grupo, director de retiro o como coordinador del programa de preparación matrimonial.
   - ☐ Con una sola pareja
   - ☐ Con un grupo pequeño
   - ☐ Con un grupo grande
   - ☐ En mi parroquia
   - ☐ En mi diócesis
   - ☐ En una capellanía militar
   - ☐ Otro (por favor, descríbelo): ____________________
3. ¿A cuántas de las parejas con que trabajaste las conocías antes del programa?
   ____ a ninguna ____ a algunas ____ a la mayoría ____ a todas
4. ¿Ofreciste recursos separados o adicionales para estudio y discusión?
   ____ Sí ____ No Si tu respuesta fue afirmativa, ¿cuáles fueron estos?
5. ¿Cuál o cuáles de estos capítulos usaste?
   - ☐ Cohabitación
   - ☐ Anulación y convalidación
   - ☐ Matrimonios intereclesiales y matrimonios interreligiosos
   - ☐ El matrimonio militar
   - ☐ No usé ninguno de esos capítulos.
6. ¿Qué tema o capítulo fue el más efectivo o el que más ayudó a los participantes? Por favor, explica.
7. ¿Qué tema o capítulo fue el menos efectivo o el que menos ayudó a los participantes? Por favor, explica.
8. ¿Hay algo que le falte al programa? ____ Sí ____ No
   Sí tu respuesta fue afirmativa, por favor, explica lo que creas conveniente.

9. **Por favor, califica las siguientes afirmaciones usando la escala que aparece a continuación:**

   1 = muy pobre   2 = malo   3 = bueno   4 = muy bueno

   a. El programa de preparación matrimonial en general   1   2   3   4
   b. El costo del programa   1   2   3   4
   c. La estructura del programa   1   2   3   4
   d. La capacitación dada por el director, la parroquia o la diócesis   1   2   3   4
   e. El tiempo con el que se contó para leer el material, preparar las anécdotas personales y planear las clases   1   2   3   4
   f. Los horarios de las clases y del retiro, y el tiempo asignado a cada actividad   1   2   3   4
   g. El lugar, las fechas y la hora en que se tuvieron las clases y el retiro   1   2   3   4
   h. La asistencia y preparación de las parejas que participaron   1   2   3   4
   i. La disposición de las parejas para aprender y participar (esto incluye actividades en general, actividades para romper el hielo, responder cuestionarios y ejercicios).   1   2   3   4
   j. El lugar que ocupa la oración dentro del programa   1   2   3   4
   k. El uso por parte del programa de la Doctrina Católica y de la Escritura   1   2   3   4
   l. Los ejercicios del libro de trabajo   1   2   3   4
   m. La calidad del contenido de los videos   1   2   3   4
   n. Capacidad del video para captar la atención de las parejas y la facilidad para entenderlo   1   2   3   4

10. **Por favor, responde a las afirmaciones que aparecen abajo usando la siguiente escala:**

   1 = nada o muy poco   2 = algo   3 = más   4 = mucho más grande

   Después de trabajar como facilitador en el programa *Tu matrimonio*…

   a. Mi comprensión del matrimonio es: 1   2   3   4
   b. Mi comprensión de la fe católica y de la espiritualidad es: 1   2   3   4
   c. Mi compromiso con mi matrimonio o mi vocación es: 1   2   3   4
   d. La conciencia que tengo de la fe de mi esposo y/o de la mía es: 1   2   3   4
   e. Mi disponibilidad para seguir creciendo en la fe con mi esposo es :   1   2   3   4
   f. Mi disponibilidad para recomendar *Tu matrimonio* es: 1   2   3   4

11. ¿Hay algo más que te gustaría compartir con tu director, con la parroquia, con la oficina diocesana o con Libros Liguori?

Libros Liguori recibe agradece tus comentarios y observaciones así como copias de esta evaluación. Puedes enviarlos por correo electrónico a ***Liguori@liguori.org***. ¡Qué Dios te bendiga en tu matrimonio!

LIBROS LIGUORI

Tu Matrimonio

Libro de trabajo para los novios
240-páginas librito – 8½ x 11
9780764-825682 **$12.99**

Tu Matrimonio DVD
60 minutos
Bilingüe 870385 **$79.99**

El nuevo programa de Liguori, ***Tu Matrimonio,*** representa un paso adelante en lo que a preparación matrimonial se refiere. Este programa ofrece todos los elementos necesarios que necesitas para ayudar a las parejas que se preparan para recibir el Sacramento y para constituir la Iglesia doméstica.

Cada tema del programa ha sido desarrollado por expertos en la materia. Desde planificación familiar natural hasta finanzas para el hogar, ***Tu Matrimonio*** te ofrece una orientación sólida y llena de sabiduría. ¡Es como si contaras con todo un equipo de expertos a tu servicio! Incluye todo lo necesario para orientar a los novios que se disponen a unir sus vidas:

- La Guía para el instructor dirigirá a los formadores a lo largo del programa
- El DVD reforzará el aprendizaje a fin de desarrollar las habilidades clave de la vida en pareja
- El cuaderno de trabajo ofrecerá puntos fundamentales aprendidos a lo largo del programa junto con herramientas prácticas

Serie de preparación para los sacramentos
de Liguori Publications

Serie de preparación para los sacramentos de Liguori Publications

El Bautismo de su bebé

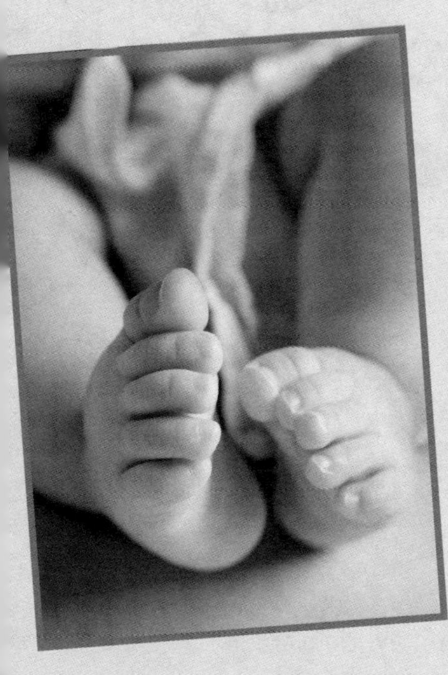

El Bautismo de su bebé
Guía del participante (para padres de familia)
Antonio Ramírez de León

El bautismo de tu bebé representa un momento de inmensa felicidad. No por nada hacemos fiesta e invitamos a nuestros seres queridos para que se unan a la celebración.

Pero, ¿qué es lo que celebramos?, pues celebramos -y experimentamos- el gran amor qué Dios tiene por él y por todas las demás personas que participan de este sacramento.

16-páginas librito – 8½ x 11
9780764-825101 **$4.99**

El Bautismo de su bebé
Guía del instructor
Antonio Ramírez de León

24-páginas librito – 8½ x 11
9780764-825286 **$6.99**

El Bautismo de su bebé
Bienvenidos a la familia de Dios
P. Jim Deiters

30-minutos video DVD
9780764-822056 **$36.99**

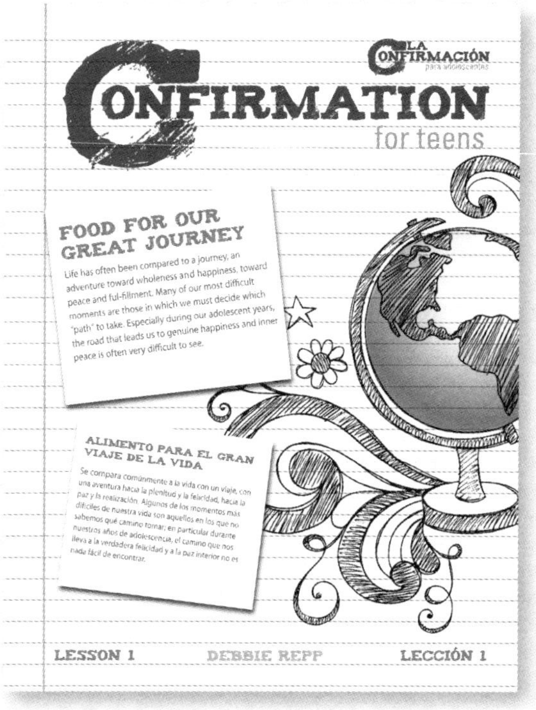

La Confirmación para adolescentes/Confirmation for Teens:
A Bilingual Student Guide

Para jóvenes

Debbie Repp

La Confirmación para jóvenes es un producto bilingüe que quiere ser una ayuda para la catequesis que se desarrolla entre catequizandos que hablan inglés y español, y catequistas que, por el contrario, hablan español e inglés. Al tener el mismo texto en sus manos, maestro y alumnos podrán superar fácilmente los problemas de comunicación.

12 lecciones, formato de boletín – 8½ x 11
9780764-823787 **$5.99**

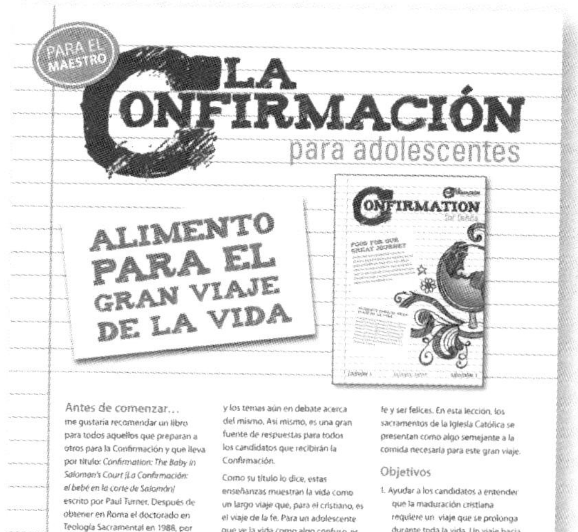

La Confirmación/ Confirmation Leader's Guide

Debbie Repp

La Confirmación - guía del maestro acompaña a La Confirmación para jóvenes, el nuevo producto bilingüe de Libros Liguori. En sus páginas, el maestro o catequista encontrará útiles orientaciones sobre cómo dar las clases y ayudar a los alumnos a recibir este Sacramento con fruto.

12 lecciones, formato de boletín – 8½ x 11
9780764-823770 **$14.99**